ゼロからわかる 相続と税金対策入門

［監修者］税理士法人チェスター、司法書士法人チェスター、CST法律事務所
［共同監修者］円満相続を応援する税理士の会
［著者］株式会社エッサム

JN135130

あさ出版

はじめに

改正相続法を見据えた準備をいまから始めよう

日本は国民の3人に1人が65歳以上、5人に1人が75歳以上という、高齢社会に向かっています。それにともない、相続に関する法律も高齢社会に対応する必要に迫られています。そこでこの度、約40年ぶりの民法（相続法）改正により相続分野について見直しが行われることになりました。実際の改正相続法の施行は、２０１９年から順次進められています。

本書は、関心の高いその相続分野の見直しをトピックとし、相続とその対策、とくに相続税対策を踏まえ、「相続についてまだよくわからない」という方が最初に読むべき本としてまとめています。

巻頭特集では、２０１９年1月以降、順次施行されている相続法の改正内容について、設例を踏まえつつまとめました。

ＰＡＲＴ１では、相続とはどのようなものか、誰が故人の財産を承継し、どのような人に相続税がかかるのかなど、その基本を解説しています。

ＰＡＲＴ２は相続財産の〝たな卸し〟、すなわち自分がどこに、どんな財産を持っているのかを見直すことについてです。相続が発生したとき、相続人が相続税を計算する際に、故人のどんな財産を合算していくのか、現預金以外の財産の額はどのように評価するのかなどの問題も出てきます。これらについて、相続税を納める必要のない相続人にも理解していただきたいポイントを解説しています。

ＰＡＲＴ３は故人の相続財産を相続人で分割する際の留意点です。故人が生前に記した遺言書の扱いから遺産分割の方法などについて、先述した改正相続法の内容も踏まえつつ留意点を取り上げています。

ＰＡＲＴ４は相続税の対策について解説しています。将来、相続税がかかりそうだと判断できたら、どのような対応を故人の生前からとっておくべきか、相続税の節税のための生前対策の基本について解説しています。

そして最終章のＰＡＲＴ５では、相続税対策のうち、特例の適用や不動産・生命保険の活用などについて節税の基本ポイントを解説します。

実際の税額の計算や申告については、税理士に関わってもらうことになります。しかし、円満相続をめざすには、相続税に関わる一連の仕事を税理士に丸投げするのではなく、家族・相続人が理解し、自分たちで対応しなければならないことは多々あります。本書はそうした対策の一助にもなります。ぜひご一読いただき、今後の相続対策に活かしていただけると幸いです。

円満相続を応援する税理士の会

2019年1月

Contents

PART 1 相続のキホンを押さえておこう

PART 2 相続財産のたな卸しをしておこう

Contents

PART 4 相続税対策では生前贈与を有効に活用しよう

Contents

※本書の内容は原則として2019年1月末時点の情報に基づいています。
あらかじめご了承ください。

topics

巻頭特集

改正相続法って何？
相続の何が変わるの？

topics 01

相続の何が変わるの？改正相続法の概要を見る

私人間《しじん》の権利・義務について定める法律を私法といいますが、なかでも市民生活等における基本的なルールを定めている私法が「民法」です。

民法には相続に関するルールも多く規定されていますが、1980年以来、大きな改正はありませんでした。しかし、高齢化などの社会の変化にともない、相続のルールについても改正の必要性が高まったことから、2018年7月6日、相続のルールが改正され、次の2つの法律が成立しました。

①民法及び家事事件手続法の一部を改正する法律

②法務局における遺言書の保管等に関する法律（遺言書保管法）

改正相続法の内容

施行時期（原則は2019年7月1日）

① 配偶者の居住の権利の創設 配偶者居住権・配偶者短期居住権が創設された	2020年4月1日
② 遺産分割等に関する見直し 仮払い制度や分割前に処分された遺産の取り扱いなどが規定された	2019年7月1日
③ 遺言制度に関する見直し 自筆証書遺言の方式の緩和や遺言執行者の権限の明確化などが規定された	2019年7月1日、一部は2019年1月および2020年7月10日
④ 遺留分制度の見直し 減殺請求権の効力や遺留分算定方法の見直しなどが図られた	2019年7月1日
⑤ 相続の効力等に関する見直し 法定相続人分を超える権利の対抗要件などが規定された	2019年7月1日
⑥ 特別の寄与 相続人以外の親族による故人の療養看護等に伴う金銭の請求が認められるようになった	2019年7月1日

多岐にわたる相続法の改正

2つの法律のうち、「民法及び家事事件手続法の一部を改正する法律」については、15ページに挙げたような改正内容が盛り込まれています。

また、新たに制定された「法務局における遺言書の保管等に関する法律（遺言書保管法）」については、遺言制度の改正として、「自筆証書遺言書の保管制度」の創設が盛り込まれています。これまで仏壇や簞笥などにしまっておくことが多かった自筆証書遺言を、法務局が預かってくれるという制度です。

今回の改正相続法には、「はじめに」でも記したような高齢社会への対応とともに、これまで実務上生じていた問題点を解消する目的もあります。

では、それぞれの改正がどのようなものか、次の項目から具体的に見ていきましょう。

topics 02

相続開始後の配偶者の住まいが保障される

施行時期
2020.4.1
➡ P.110
➡ P.136

配偶者に先立たれ、残された人に配慮した改正で真っ先に挙げられるのが、「配偶者の居住権」の創設です。配偶者の居住権は、「配偶者居住権」という権利と「配偶者短期居住権」という権利に分けられます。まず、配偶者居住権について見ていきましょう。

配偶者居住権は配偶者が亡くなるまで保障される

故人の相続時、故人が所有していた家にその配偶者が住んでいることは多いもの。そうした場合に、その配偶者が亡くなるまで、もしくは一定の期間、配偶者がその家に住み続けるなど建物の使用を認める権利を「配偶者居住権」と呼びます。その権利が創設され、法律に規定されました。

配偶者居住権は、遺産分割によって取得することができるほか、故人の遺言によっても取得することが可能になります。

故人の配偶者が相続時に住んでいる家の「所有権」を、遺産分割によって取得する場合があります。このとき、その家の評価額が高いと、家の所有権を取得することで配偶者の相続分が〝目一杯〟になり、その家以外の財産を取得できないことがありました。故人の子が、「家は親がもらうから、それで十分だろう。私たち子どもは現金をもらいたい」といった対応です。それは、配偶者にとってみれば、「家は相続でもらったけれど、老後の生活資金はほとんどない」とこぼしたくなるような状態です。そのような状態の解決策の1つとして、配偶者居住権を子どもたちに認めてもらうという方法がとれるようになります。

ちなみに、配偶者居住権は所有権ではありません。所有する権利ということではなく、その家に住んだり、家を使用したりする権利ということです。その配偶者居住権の評価額は所有権の評価額よりも低いため、その分、故人の配偶者が家以外の財産を相続でより多く取得できることになるわけです。

夫婦で暮らしていた家に安心して住み続けられる

法改正によって、どのような効果があるか、設例を見ていきましょう。なお、本書の改正相続法に関する設例は、基本的に、法務省のホームページ（www.moj.co.jp/MINJI/minji07-00222.html）に紹介されているパンフレットなどにもとづいています。その点をご理解ください。

設例(1)

相続人が故人の配偶者と2人の子、相続する財産が2000万円の自宅と預貯金が3000万円、計5000万円分だったとします。その場合の法定相続分は妻が相続財産の半分の2500万円分であり、2人の子が2分の1ずつですから1250万円となります。すると、法定相続どおりの相続だと、配偶者は自宅の所有権を取得すると、老後の資金は500万円となります。人によっては、「500万円では、老後の生活費が不安……」

と考えるケースもあるでしょう。

そこで、故人の配偶者に配偶者居住権を認め、その場合の家の評価額（配偶者居住権のある家の評価額）が1000万円になったとしましょう。このとき、故人の配偶者が相続によって取得した家は、

・配偶者居住権＝1000万円
・負担付き所有権＝1000万円

となります。負担付き所有権とは居住権のない所有権のことで、この負担付き所有権を2人の子が相続で取得すれば、故人の配偶者は、配偶者居住権のある家と預貯金1500万円を相続によって取得できることになります。そうなると、

「住む家のほかに1500万円あれば、老

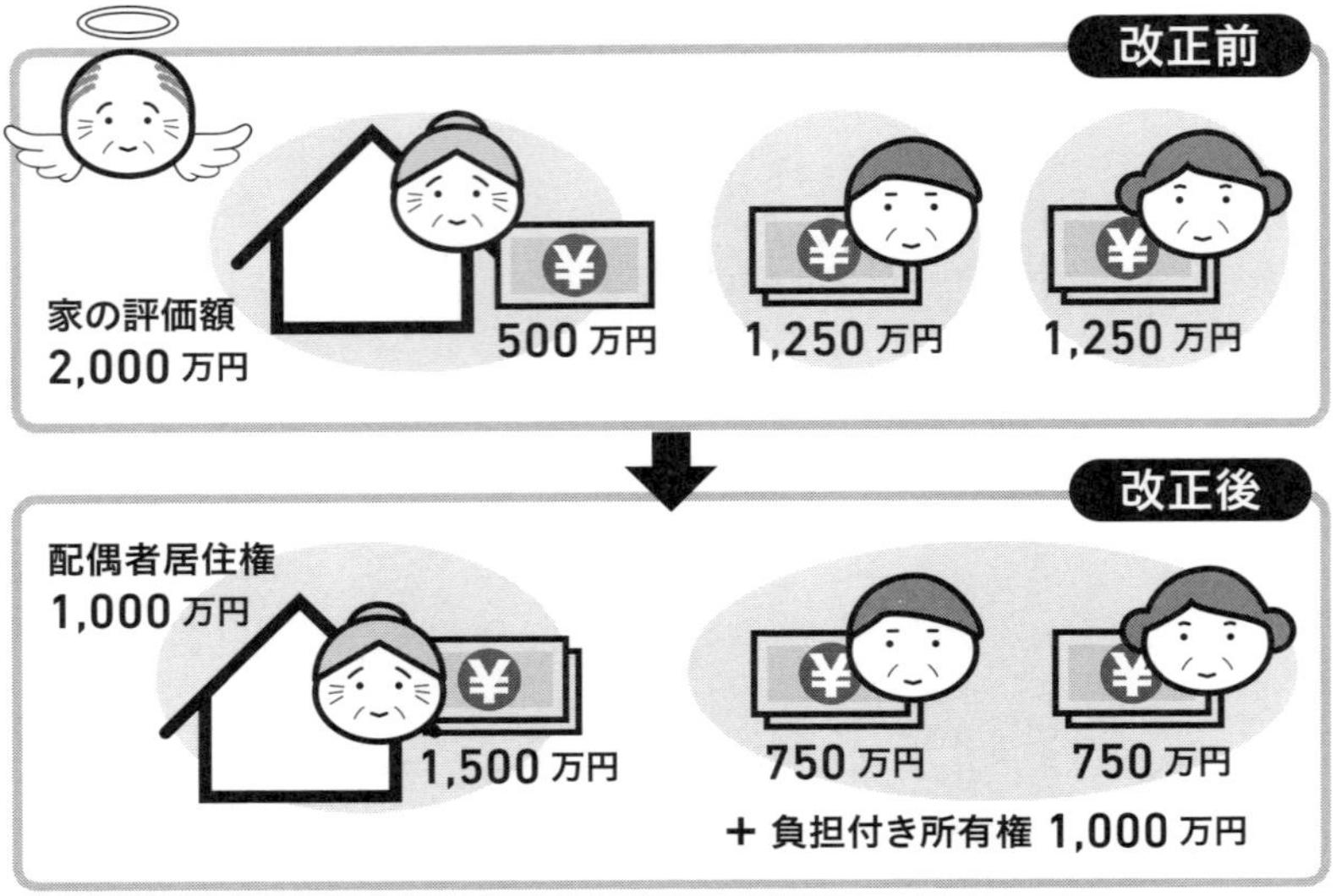

後のやりくりができるかも？」

と思う人もいるはずです。

なお、配偶者居住権の実際の評価額については、建物の築年数や配偶者の年齢などによって変わってきます。どのように評価するかは、平成31（2019）年度税制改正大綱で明らかになりました（後述）。

また、設例では相続人である子が2人でしたが、2人の子で相続する1000万円分の負担付き所有権をどのような割合で取得するかは相続人全員での遺産分割協議で決めることになります。ただし、家など遺産分けしにくい財産を共有名義で所有することは、後のトラブルのもとになりかねないので、遺産分割協議できちんと話し合っておくことが大切です。

遺産分割までの居住権を認める配偶者の「短期居住権」

前述の配偶者居住権は、遺産分割によって配偶者が取得した権利です。「遺産分割によって配偶者が取得した権利」となると、「遺産分割するまで、故人の家に住む場合の権利はどうなるの？」「遺産分割で配偶者居住権を取得できなかったらどうなるの？」といった疑問も出てくるでしょう。

さらに、配偶者にとっては、故人と一緒に住んでいた家が故人の遺志により配偶者以外の相続人や第三者に遺贈される場合もあり、そのほかにも、故人の配偶者が相続を放棄した場合は、故人の所有していた家に配偶者が住み続けることが難しくなる可能性もあります。ちなみに遺贈とは「遺言によって財産を相続人以外の人も含めて誰かに無償で譲ること」です。

そのようなケースで認められるのが「配偶者短期居住権」です。

配偶者短期居住権は、故人の配偶者が、

配偶者短期居住権とは？

① 故人の配偶者が故人の家の遺産分割に関わっていた場合、誰の所有か確定するまでの期間（最低6か月）

② 故人の所有していた家が配偶者以外の相続人や第三者に遺贈された場合のほか、故人の配偶者が相続放棄した場合、その家の所有者となった人から消滅請求（立ち退き請求）を受けて以降６か月の間

故人の相続時に故人が所有していた家に無償で住んでいる場合、右ページの図に示した期間はその家に引き続き無償で住み続けることができる権利になります。

まれだとは思いますが、故人が所有していた家に故人の配偶者が住み続けると、

「遺産分割をするから、その家からすぐに出ていってほしい」

「出て行かないなら家賃を払ってほしい」

と他の相続人に言われるケースがないわけではありません。そのような場合でも、相続が開始してから6か月もしくは遺産分割が決まるまでのいずれか遅い日までの間、故人の配偶者は故人が所有していた家に無償で住み続けることができます。

また、配偶者以外の相続人が故人の家を取得した場合には、これまでも居住する権利が法律で認められているとはいえない状態でした。最高裁の判例では、故人の配偶者が相続開始時に、故人が所有していた家に居住していた場合には、故人と配偶者との間で使用貸借契約が成立していたと考えることができ、そのため、故人の配偶者も他の相続人との関係では、その使用貸借契約のもとに住み続けることができるとされていたのです。

ところが、この考え方に立つと「第三者に故人の所有していた家が遺贈されてしまった場合」や「故人の配偶者が住み続けることに、故人が生前、反対していた場合」には、故人と

配偶者との間で使用貸借契約があったとはいえず、「故人の配偶者が住み続けることはできない」という考え方が成り立ちます。

しかし、それでは「故人の配偶者の居住権が保護されない」ため、配偶者短期居住権という権利が創設されたわけです。その内容は、「故人が住んでいた家を遺贈した場合や故人の配偶者が住み続けることに故人が反対の意思を表示していた場合であっても、配偶者の居住を保護する」というものになっています。

一言で述べると、「相続が開始してから最低6か月間は、故人の配偶者が、故人の家に無償で住み続けることができる」ということです。

ちなみに、配偶者短期居住権の評価については配偶者居住権とは異なりゼロと考えます。すなわち相続税においても課税対象としないことになっています。

topics 03

結婚20年以上の夫婦は、住居の贈与が特別受益の対象外に

施行時期
2019.7.1
➡ P.136

遺産分割に関する見直しも行われています。その1つが、婚姻していた期間が20年以上の夫婦の間において住居（居住用の不動産）を贈与または遺贈した場合には、原則として相続財産の計算上、「先渡し（特別受益）」を受けたものとして取り扱わなくてもよいとするものです。「特別受益」とは、相続人が故人から生前に贈与を受けたり遺贈を受けたりするなど、特別に利益を受けていることを指します。

故人の配偶者が、故人の財産をより多く相続できる

長年連れ添った夫婦の間の住居の贈与や遺贈は、夫婦お互いの長年にわたるいたわり合い、貢献に報いる面が強いものです。また、実態として、このような贈与や遺贈は、お互い

の老後の生活を保障するために行われているでしょう。そのような背景を踏まえ、「そうした配偶者への住居の贈与や遺贈を行った場合、その趣旨を尊重した遺産分割ができるようにする」というのがこの改正です。

改正のメリットを一言で述べると、「遺産分割において、故人の配偶者がより多くの財産を相続できる」ということです。

なお、この改正における夫婦とは、法律的に婚姻した夫婦であることが前提です。たとえ連れ添った（同居して暮らしていた）期間が長くても、内縁関係にある場合には適用されません。それは、内縁関係にある〝配偶者〟が法定の相続人とはなり得ないことと同様の対応です。

故人の配偶者に、より多くの現金が残せる

改正前は、長年連れ添った夫婦の住居の贈与や遺贈も特別受益の対象となっていました。贈与や遺贈を行っても、相続財産の先渡しを受けたものとされていたのです。そのため、故人の配偶者が取得する財産は、いわば贈与などがなかったものとして遺産分割の財産額とし

て合算していたわけです。では、法改正の効果を設例で見てみましょう。

設例(2)

たとえば、配偶者と子2人が相続人で、故人の財産が配偶者と暮らしていた住宅2500万円（評価額）と、その他の財産が4000万円。そして、住宅は生前に配偶者に贈与していたとしましょう。

改正前は、故人が生前贈与した住宅は、相続財産に含めて遺産分割の計算をしていました。そのため相続によって配偶者が取得する財産は、住宅2500万円と、その他の財産が4000万円の合計6500万円の2分の1で3250万円です。そこか

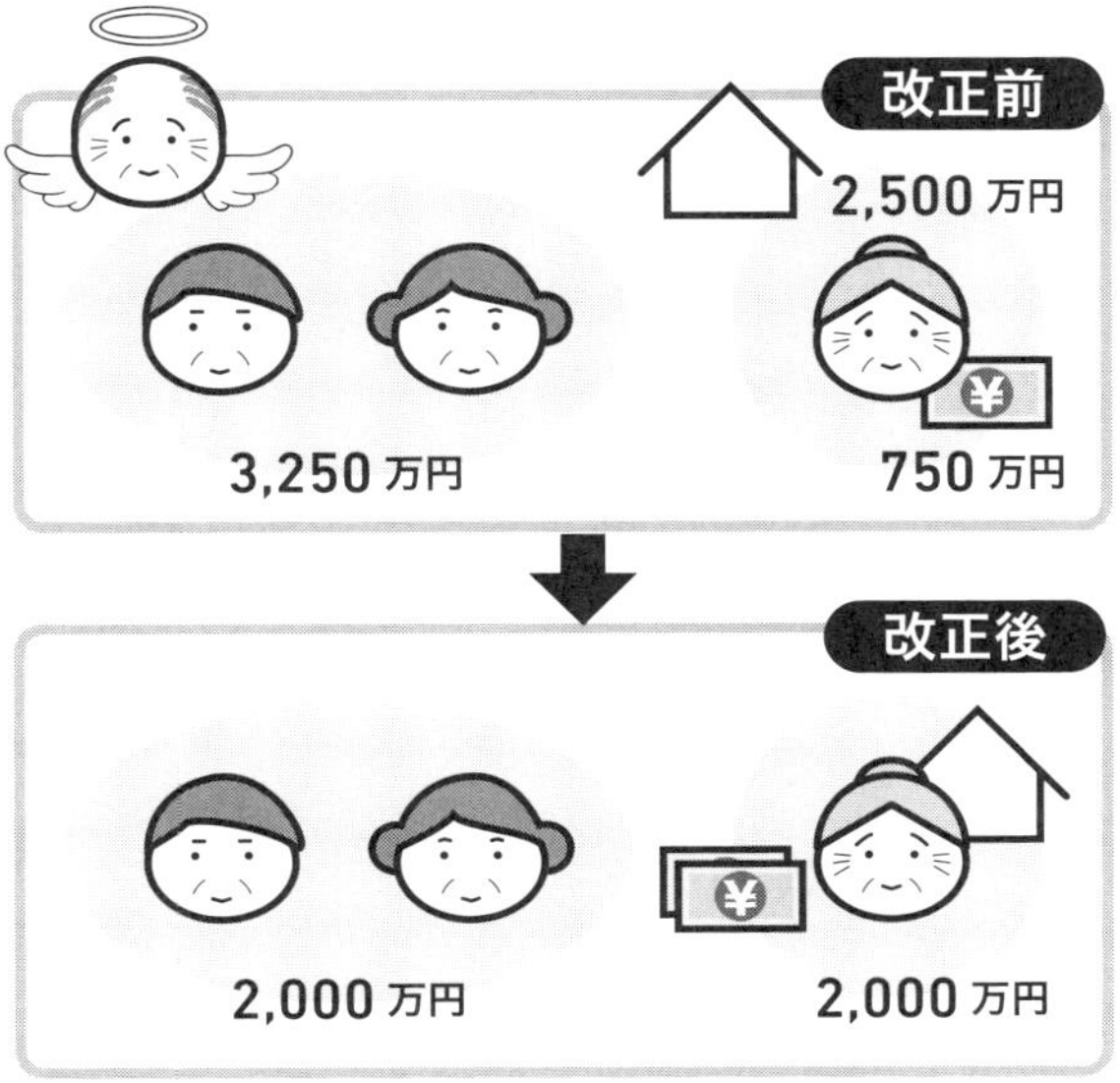

ら、住宅の生前贈与分の2500万円を差し引いて、老後資金は750万円と計算できます。

ところが、改正後はどうなるでしょう。

故人の相続時の財産は、配偶者への住宅の生前贈与を除外すると、その他財産の4000万円です。そのうち故人の配偶者は2分の1を相続するとなると、2000万円の財産を相続により取得することになります。改正の前後を比べると、老後資金は改正後のほうが1250万円多くなります。

現実の相続では、故人の配偶者の老後にできるだけ負担をかけたくないと思うのが実情でしょう。もちろん、子にも負担をかけたくないもの。この改正は、このように相続人に負担をかけたくないと思う故人の遺志を尊重し、そのうえで現実的に負担の大きい故人の配偶者の生活を少しでも保障する意図があるといえるでしょう。

topics 04

遺産分割協議の前に、預貯金を払い戻せる「仮払い制度」

施行時期
2020.7.1
➔ P.77

遺産分割に関連する改正の1つに、「遺産の分割前における預貯金債権の行使」というものがあります。

従来は遺産分割協議の前は各相続人が単独で故人の預貯金からお金を払い戻すことは認められてはいませんでした。それが今回の改正により、一定の条件のもとで一定金額まで「仮払い」が認められるようになりました。

「共同相続」を前提とした相続人の負担を軽減

この改正は、「相続された預貯金債権について、生活費や葬儀費用の支払いのほか、相続する債務の弁済などの資金需要に対応できるよう、遺産分割前にも払い戻しが受けられる制度を創設する」というものです。この「遺産分割前にも払い戻しが受けられる」というのが、「仮払い制度」ということになります。

判例上、故人の預貯金に関しては、遺産分割の対象となるため、個々の相続人が単独で払い戻すことができないものとされています。故人の銀行口座は亡くなった直後に凍結され、故人の配偶者や子など相続人であっても勝手に払い戻すことができなくなるのは、そのためです。

現実には、相続人が1人の場合（「単独相続」と呼びます）もあれば、配偶者と子など複数の場合（「共同相続」と呼びます）もあります。単独相続であれば、原則とし

相続人の負担を軽減する仮払い制度

- 相続人が故人の預貯金を払い戻せるようになる
- 複数の相続人がいる場合も、単独で払い戻しが可能

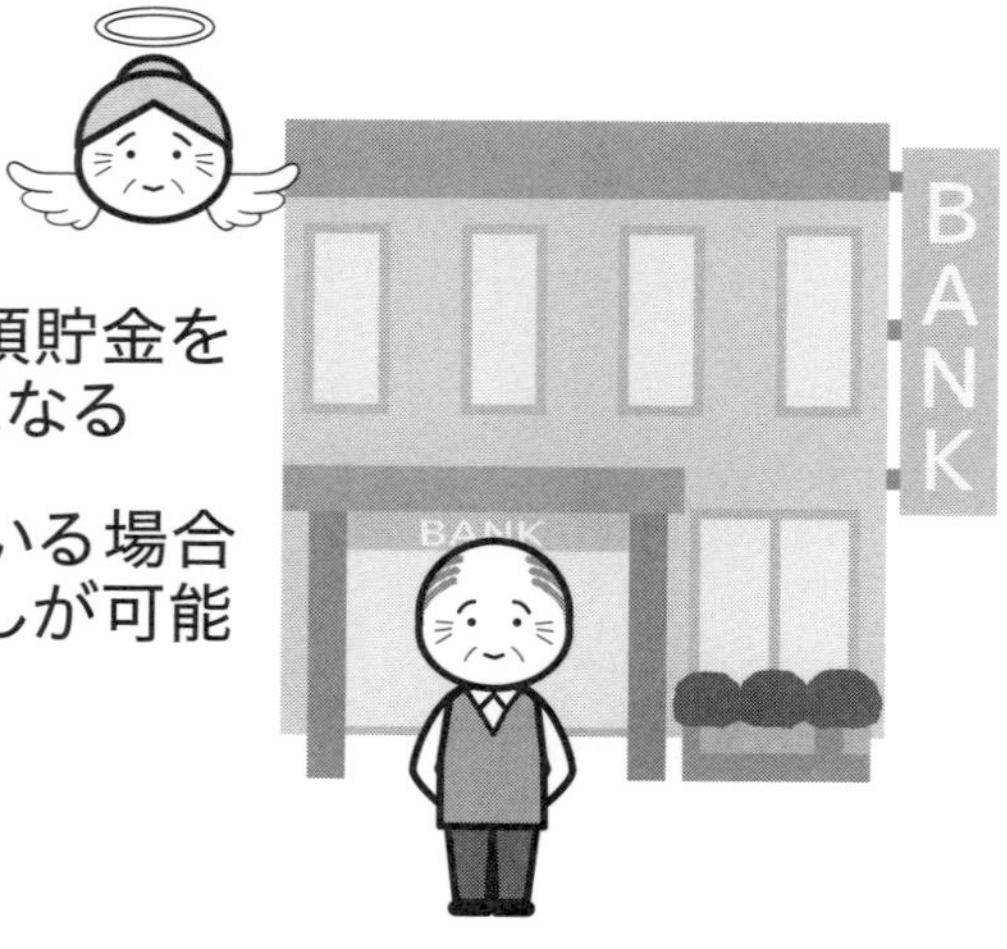

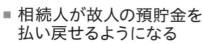

て、その相続人が単独で故人の預貯金を払い戻すことができます。しかしながら、共同相続の場合には、２０１６年の判例変更により各相続人が単独で故人の預貯金を払い戻すことは、できなくなってしまいました。

もっとも、相続人には相続人ごとに個別の事情があります。たとえば、故人の生前にかかった医療費の負担が高額になり手元資金が不足するケースもあります。さらに、相続税の納税資金や当面の生活費の確保が必要な場合もあり得ます。

そこで、改正相続法では、このように相続開始後における各相続人の小口の資金需要に対応すべく、共同相続人の利益を害することがない範囲において、各相続人が単独で預貯金の払い戻しを受けられるようになりました。

相続人の資金需要に対応する2つの仮払い制度

この仮払い制度として創設された内容のうち、1つは、「家庭裁判所に対する仮分割の仮処分の要件を緩和する」というもので、従来の制度について要件を緩和し、利用しやすくしたものです。もう1つは、まったく新しい制度として、次のとおり創設されました。

・金融機関ごとの金額による上限を設けたうえで、一定割合の預貯金の払い戻しを、各相続人が単独で金融機関の窓口で受けられるようにする

この「金額による上限」については、下図で計算します。ある銀行の口座に故人の預貯金が900万円あり、共同相続人が配偶者と子2人で、子が仮払いを受けようとする場合、「900万円×3分の1×4分の1」で、75万円が払い戻しできる額となります。

ただし、上限額は金融機関ごとに判断することになるので、故人が1つの銀行に複数口座をもっている場合には、それらを合算した金額をもとに上限を算出することになります。

なお、払い戻しを受けた預貯金については、遺産を一部分割により取得したものとみなされます。

「仮払い」の上限の計算法

相続を開始したときの預貯金の額（金融機関ごと）

×

3分の1

×

その払い戻しを行う共同相続人の法定相続分

topics 05

「遺産の一部分割」を明文化、分割前処分の不公平も是正

施行時期
2019.7.1
➜ P.132

ここでは、改正相続法で遺産の一部分割が明文化されたことに触れておきます。

共同相続人は相続人全員の協議により、遺産をどのように分けるかを決めることができます。これを遺産分割といいますが、遺産分割は、遺産全部を対象に行うのが原則で、一部分割については明文の規定がなく、一部分割が許されているのか必ずしも明らかではありませんでした。

しかし、争いのない遺産は先行して分割できたほうが有益であり、たとえば預貯金のみ先行して遺産分割を行うなど一部分割を行うニーズもありました。そのため、実務上も、一定の場合には一部分割が認められていました。そこで、今回の改正相続法により、一部分割とその要件が明文で規定されることになりました。

そして、相続人の間で遺産分割がまとまらなかった場合には、各相続人が遺産の全部また

は一部の分割を家庭裁判所に請求することができます。ただし、他の共同相続人の利益を害するおそれがある場合、すなわち一部分割によって遺産全体についての適正な分割ができなくなってしまうような場合には、一部分割はできません。

遺産分割の前に、故人の財産が処分された場合の不公平を是正

遺産分割は、相続開始時に存在し、かつ遺産分割時に存在する財産を対象に行うのが原則です。そのため、遺産分割の前に故人の財産が処分されたような場合、相続人の間に不公平が生じる場合があります。そこで、その不公平を是正する方策が改正相続法により新たに規定されました。それはどのような内容か、設例で見ていきましょう。

設例(3)

預金2000万円の財産がある独り親が他界して、子である姉妹2人が相続人となり、そのうち長女に対して現金で2000万円の生前贈与が行われていたとします。その生前贈与は特別受益として、相続財産の計算に組み込まれます。

すなわち、故人の財産として預金2000万円＋特別受益の生前贈与2000万円で、計4000万円の財産を2人の姉妹で2分の1ずつ相続するというのが、法律に則った分け方といえます（①のケース）。

ところが、長女が生前贈与を受けているにもかかわらず「親が残した預金は2000万円だから」と、遺産分割の前に預金のうち1000万円を銀行口座から引き出していたらどうなるでしょう。当然、姉妹の間に不公平が生じてしまいます（②のケース）。

具体的な計算例で見てみましょう。

①長女が預金を引き出さなかった場合

・長女＝（2000万円＋2000万円）×1／2－2000万円＝ゼロ円

・二女＝（2000万円＋2000万円）×1／2＝2000万円

このように、長女の取得はゼロ円（生前贈与の2000万円のみ）で、二女の取得額は預金の2000万円となるため、生前贈与をあわせて考えると、姉妹間で公平といえます。

②長女が故人の預金から1000万円を引き出していた場合

・長女＝（2000万円＋1000万円）＝3000万円

・二女＝1000万円のみ

この場合は、姉妹間で不公平が生じます。長女は生前贈与の2000万円と故人の預金から引き出した額1000万円の合計3000万円を取得しますが、二女は1000万円しか取得できません。

そこで、この不公平に対して、二女が長女を相手に民事訴訟を起こしたとしましょう。しかし、二女が救済される可能性があるのは、二女の法定相続分の範囲に限られます。すなわち、この設例だと、長女が勝手に引き出した1000万円のうち二女の法定相続分（2分の1）にあたる500万円だけを取り戻せることになります。結局、長女は3000万円－500万円で2500万円を取得し、二女は1000万

②のケースにおける不公平な相続

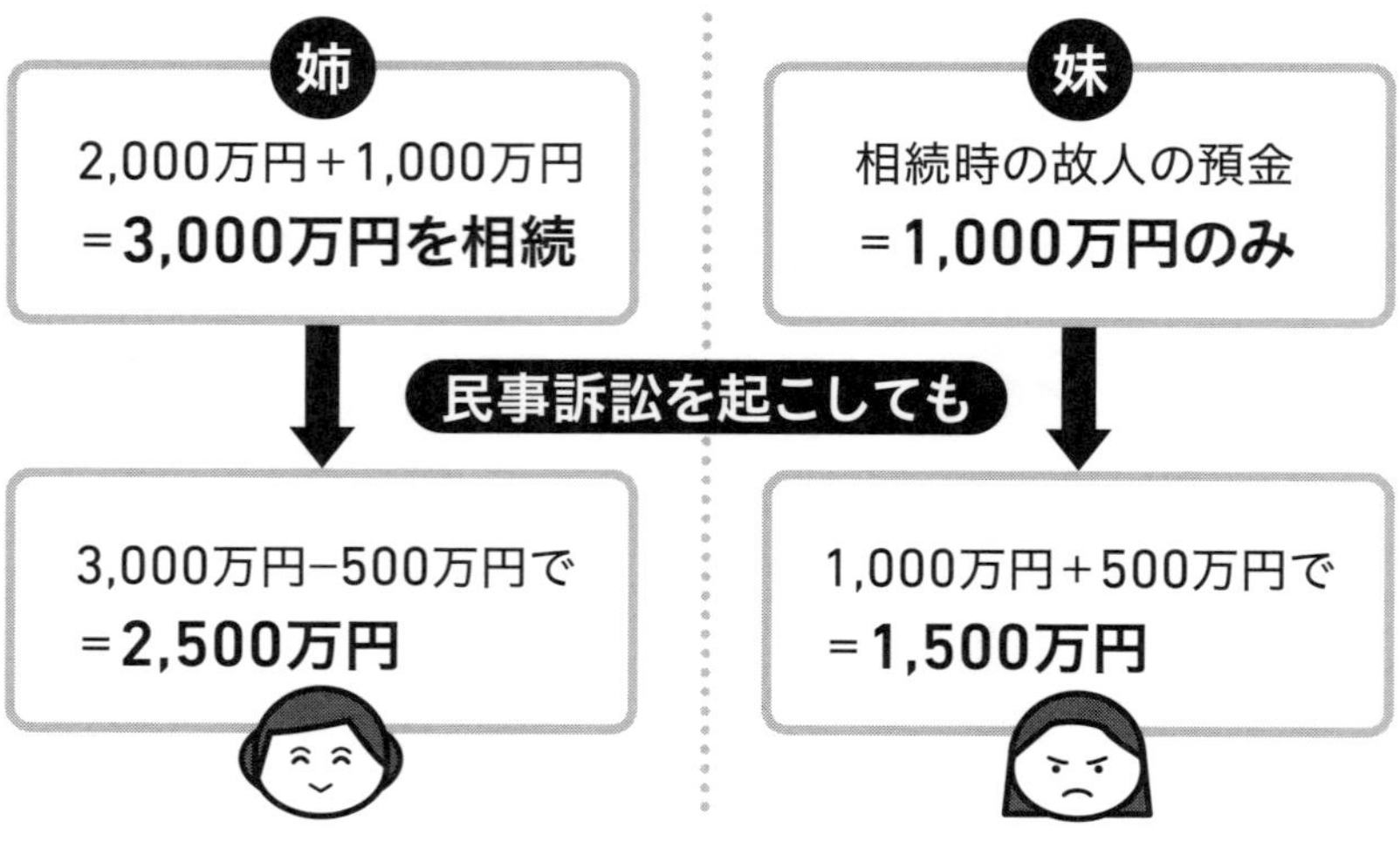

円＋５００万円で１５００万円しか取得できないことになります。これでは勝手に遺産を使い込んだほうが得をするということになってしまいます。

このような不公平な状況を是正するため、遺産分割の前に処分された財産を共同相続人全員の合意によって遺産分割の対象財産とする規定が設けられました。さらに、設例のように共同相続人の１人が自分の都合で故人の財産を処分した場合には、その共同相続人の同意を得なくても遺産分割の対象とすることが認められるようになりました。

この改正によって、相続人の間の不公平が大幅に是正されることになりました。設例の場合には、故人の口座から預金の１０００万円を引き出した長女から二女に１０００万円の代償金を支払う必要があります。仮に長女が応じない場合には、家庭裁判所が「長女が二女に代償金を支払え」と審判することになります。

topics 06

故人を介護・看護した親族も金銭を請求できる!!

施行時期
2019.7.1
➡ P.60

相続とは、人の死亡を原因として故人から相続人に財産上の地位が承継されることをいいます。

そのため、原則として相続人以外の人に相続の権利はありません。

もっとも、相続人ではない人も故人の財産の維持や増加に貢献するケースもあります。そのような場合も、これまでは、相続人ではないからという理由で遺産については何の分配も受けられなかったため、不公平感を覚える人が少なくありませんでした。

そこで、今回の相続法の改正により、故人の療養看護その他の労務を提供するなどの貢献をした場合には、相続人でない者であっても、一定の財産を取得させることが認められるようになりました。

いわゆる〝長男の嫁〟の立場も報われる!?

改正前は、故人に対して生前、相続人が療養や看護を行っていた場合、一定の要件のもとに寄与分による調整が可能でした。ただ、療養や看護を行っていた人が相続人ではない場合は、遺言書に記載されていない限り、相続財産の分配を受けることができませんでした。

よくありがちな例でいうと、故人の子息の配偶者が療養や介護を行っていたケースです。一般に〝長男の嫁〟は、長男の親が亡くなる前に、その親に対する療養や看護を行うケースが少なくありません。ところが、長男の嫁は相続人ではないので義理の親の財産を相続する権利がないのです。長男が相続するのであれば、長男が受けた相続の恩恵を実質的に長男の嫁も受けることはできた

改正:特別寄与者による金銭請求

要件

- 故人の親族に限る
- 故人の財産の維持や増加に寄与した分
- 金銭で請求

かもしれません。しかし、長男がすでに亡くなっていて、さらに長男夫婦に子がいない（すなわち代襲相続する者がいない）となると、その嫁は義理の親の介護をしていたとしても、その財産を相続することができなくなってしまうのです。

長男や他の相続人は療養や看護をまったく行っていなくとも相続によって取得する財産がある一方、長男の嫁は献身的に療養や看護を行っていたにもかかわらず、何の財産も取得できないことになります。

そこで、改正法では、「相続人以外の親族が故人に対する療養や看護などによって故人の財産の維持や増加に寄与した場合には、相続人に対し、寄与に応じた金銭請求をすることができる」と規定されました。相続人が複数いる場合は、それぞれの相続人に対し、それぞれの法定相続分に応じた金銭の請求ができます。

ただし、請求権のある人は、故人の親族に限定されます。故人の親族ではない人が故人の療養や看護などによって故人の財産の維持や増加に寄与をした場合には、特別の寄与について金銭請求をすることは認められていません。

topics 07

自分で書いた遺言が、法務局で保管してもらえるようになる

施行時期
2020.7.10
➡ P.147

相続法では、遺言制度に関する各種の規定も改正されています。その1つは、「遺贈義務者の引渡義務に関する責任の限定化」です。相続に際して故人からの遺贈があった場合、遺贈を実行すべき義務を負う人（遺贈義務者）は、遺贈する物や権利を、「相続が開始した時点の状態」で引き渡し、移転すればよいことになりました。

また、「遺言執行者の権限」も明確化されています。遺言執行者は文字どおり「遺言を執行する人」のことですが、法律上その権限が明確には定められていませんでした。そのため、遺言執行者と相続人との間で利益が対立する場合には、トラブルに発展することもありました。そのようなこともあり、遺言執行者の権限について明確化されています。

これら以外にも遺言制度についていくつか改正が行われていますが、故人の生前もしくは相続人にとって直接的な影響が大きいのが、「自筆証書遺言に関する保管制度」の創設です。

法務局で遺言書を保管してもらう

後述するように、遺言は主に、

①自筆証書遺言
②公正証書遺言
③秘密証書遺言

の3つの種類があります。このうち①自筆証書遺言は文字どおり故人が生前、自筆で書く遺言書であり、最も一般的な遺言書といってよいでしょう。そして、自筆証書遺言は自宅のタンスや仏壇、重要なものを保管する箱などにしまっておくことが多いようです。

そのため、故人が亡くなったときに遺言書の保管場所がわからなくなってしまったり、複数の遺言書が見つかったり、誰かが遺言書を隠したり書き換えたり、さらに、遺言書があっても文面に不明瞭な記述があったりと、遺言書の役割を果たしていないと判断できるケースも多々あります。

そのような事態を少しでも解消するため、法務局という公的機関で遺言書を保管する制度が創設されたわけです。

検認は不要。紛失や改ざんを防ぎ、相続手続きの円滑化につなげる

自筆証書遺言でも、法務局という公的な機関が保管すれば、遺言という故人の最終意思が実現される可能性が高まりますし、それは相続手続きの円滑化にもつながります。また、全国一律の対応ができることになり、紛失や改ざんを防ぐこともできます。

一方で、法務局側としてはいわゆる〝空き家問題〟に象徴されるような正しく登記が行われていない不動産の解消につなげることも狙いの1つにあるといってよいでしょう。遺言を残すことで相続登記（不動産の名義変更）の促進につながることも期待できます。

具体的な手続きについては、遺言を書いた人が遺言書保管官（法務局に勤務する指定法務事務官）に保管を申請し、自筆証書遺言書の原本を法務局が保管するとともに、画像データ化します。

そして、その遺言書を書いた人が亡くなって相続が開始したときに、相続人が遺言書情報証明書の交付や遺言書の閲覧の申請をできるようになります。対応するのは、前述の遺言書

保管官です。

その際に、検認（家庭裁判所において相続人などの立会いのもとで遺言書を開封し、内容を確認すること）という手続きは不要です。また、相続人の1人から遺言書情報証明書の交付や遺言書の閲覧の申請があれば、法務局の遺言書保管官から他の相続人に遺言書が保管されていることを通知します。

ただ、気をつけたいのは、この改正は自筆証書遺言の「保管制度」を創設したということであり、自筆証書遺言の内容の確からしさに関して法務局が〝お墨付き〟を与えるものではないということです。保管制度を利用しても、遺言書として不備なものは変わらず不備であるということを忘れないでおきましょう。

法務局に保管してもらうメリット

① 紛失してしまうことを防げる

② 誰かが書き換えてしまうことを防げる

③ 家庭裁判所による検認も不要に

④ 相続登記などもスムーズに

topics 08

パソコンで遺言書の財産目録を作成できるようになった

施行時期
2019.1.13
➡ P.92
➡ P.147

保管制度の創設のほかにも、自筆証書遺言については「方式の緩和」という改正が行われています。自筆証書遺言の書き方について、遺言書のすべてを自筆で書かなくても、パソコンなどで作成した財産目録を添付したり、銀行の通帳のコピーや不動産の全部事項証明書などを財産目録として添付したりすることも可能になりました。

パソコンで作成しても署名押印は必要

自筆証書遺言は文字どおり全文を自筆で書かなければなりませんでした。とくに高齢者にとっては書くこと自体の負担が重く、また正確に記すことなどに関してハードルが高かったものです。財産が多い人にとって、その負担は相当なものでしょう。

遺言書における財産目録となると、不動産の所在、地番、地積などを不動産登記簿にあるように正確に自書しなければなりません。パソコンを使って書き、間違えた箇所を書き直すといったこともできませんでした。

預金額についても、ゼロを1つ書き損ねたりすると、実際の預金額とは異なります。それが発覚すると、相続人が遺言書どおりに正しく相続することができなくなっていました。

ところが、改正後は財産目録をパソコンで作成したり、また不動産の全部事項証明書などを添付してもよいとされました。とくに、農地や広大地といわれるような土地を所有している人は、地積を記入する際にケタを間違うケースもあります。

その点で、財産の多い人にとって財産目録がパソコン文書や不動産の全部事項証明書などの添付でよくなることは、大きく利便性が向上することとなります。加えて、高齢者でも遺言を正確に記し、残しやすくなる効果も期待されます。

具体的には、次ページに示すような財産を特定させるために必要な記述について、パソコンによる文書で対応できます。なお、財産目録が複数枚にわたる場合は、1枚ごとに遺言者が署名押印をしなければなりません。そのことによって偽造も防止できます。

遺言書の財産目録例

別紙目録1および2の不動産を佐藤太郎に、別紙目録3および4の不動産を佐藤花子に相続させる。

2019年×月×日
佐藤一夫 印 佐藤

別紙目録

1 土地
所在 東京都……
地番 ……
地目 …
地積 ……

2 建物
所在 東京都……
家屋番号……
種類 ……
構造……
床面積 ……

データ化して
おけばOK！
通帳のコピーや
不動産の全部事項証明書の
添付でも大丈夫

3 土地
所在 神奈川県……
地番 ……
地目 ……
地積 ……

4 建物
所在 神奈川県……
家屋番号 ……
種類……
構造……
床面積 ……

topics 09

遺留分制度の改正で、複雑な共有関係が解消される！

施行時期
2019.7.1
➡ P.62
➡ P.139

「遺留分」とは、故人の兄弟姉妹以外の相続人に対して留保された相続財産の割合のことです。つまり、故人の子のほか、子が他界していた場合の孫などの相続人に最低限認められている相続財産の割合であり、配偶者や子については法定相続分の2分の1と規定されています。

たとえば、遺産を1人の相続人にすべて相続させる、という遺言がなされたとします。その場合、相続できなかった他の相続人は遺留分が侵害されたことになるため、遺産を取得した相続人に対し、遺留分の減殺請求をして、遺留分すなわち最低限の相続財産の確保をめざすことになります。

この遺留分制度についても、今回、改正が行われました。

遺留分はすべて金銭で請求する!!

遺留分制度の改正点は次の2点です。

①遺留分の権利行使により侵害額に相当する金銭債権を発生させる

従来は遺留分の権利（遺留分権）の行使により、それぞれの遺産が遺留分を侵害する限度で当然に共有となっていました。しかし、そのような複雑な権利関係が発生しないようにするために、遺留分についてはすべて金銭で請求するようにしたものです。

②金銭をただちには準備できない受遺者（故人の遺贈を受ける人）または受贈者（故人から生前贈与を受けた人）のために、受遺者等の請求によって、裁判所が金銭債務の全部または一部の支払いについて相当の期限を設けることができるようにする

これは、遺留分の侵害額の請求があった場合、請求を受けた他の相続人や遺贈によって財産を取得した人などが、ただちに支払いできない場合でも、侵害額請求に応じやすくするために一定の猶予を与える規定といえます。

先にも述べましたが、従来、遺留分制度については、遺留分権をもつ相続人が遺留分減殺請求権を行使すると、すでに故人から相続や遺贈を受けた人の財産が遺留分を侵害する限度で当然に共有となるため、複雑な共有状態が発生することもありました。

たとえば、遺留分（ここでは4分の1としておきます）を侵害された相続人が、遺留分減殺請求権を行使したとします。このとき、故人の財産のほとんどが不動産で、すでに他の相続人が相続していた場合には、その不動産については、遺留分権利者が4分の1、他の相続人が4分の3の割合による共有関係が当然に発生してしまいます。そうなると、今度は共有関係の解消をめぐって、新たな紛争が生じかねないという状態になっていました。

しかし、今回の改正で、遺留分の侵害に対しては金銭債権化し、共有関係を生じさせないようにしたことで、このような紛争が生じにくくなりました。

中小企業の事業承継の悩みも解消される？

設例によって法改正の効果を見ておきましょう。オーナー社長が亡くなり、長女と長男が故人の財産を相続することになるケースです。

設例(4)

遺言では、事業を手伝っていた長女が会社を継ぐことを考え、長女には会社の土地建物（評価額1億1000万円）を相続させ、会社の経営にタッチしていなかった長男には、1200万円の預金を相続させるとしていました。

ところが、父親の遺言の内容に不満だった長男は、長女に対して遺留分の侵害額請求権を行使しました。その場合における長男の遺産分侵害額は次のとおりです。

・(1億1000万円＋1200万円)×1／2×1／2－1200万円＝1850万円

この点改正前の民法では、長男が遺留分

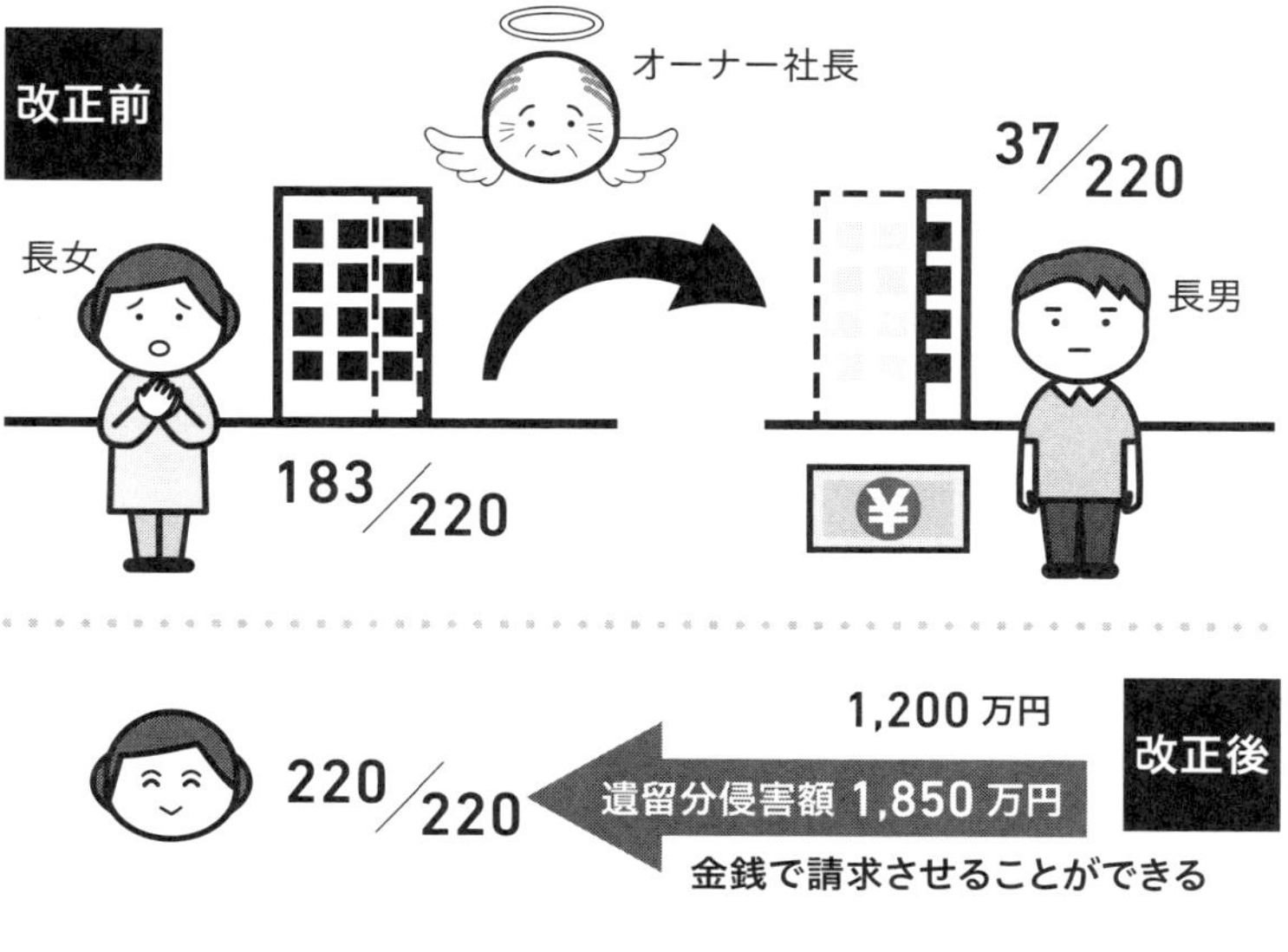

減殺請求権を行使することにより、当然に会社の土地建物の共有持分は、
・長女＝1億1000万円－1850万円／1億1000万円→220分の183
・長男が1850万円／1億1000万円→220分の37
となっていました。このように改正前は当然に、共有状態になってしまっていたのです。

しかし、遺留分の侵害に対しては会社の土地建物に対する共有持分ではなく、遺留分の侵害額に相当する金銭を請求させるようにするというのが、今回の改正による遺留分制度の効力と法的な性質の見直しです。

金銭での請求であれば、会社の土地建物について長男との共有関係が生じないため、長女はスムーズに事業承継ができます。そのため、亡くなった先代社長の「事業は長女に継いでもらいたい」という遺志も実現できるわけです。

なお、長女としてはつつがなく事業を継ぐことができますが、長男の請求する遺留分侵害額をすぐに支払うことができないケースも想定されます。その場合は裁判所に申し出て、支払いを延ばしてもらうこともできます。

PART 1

相続のキホンを押さえておこう

1-01
相続とは何か？ 相続人とは誰のことか？

ＰＡＲＴ１では、今回改正される内容も含め、相続の基本を見ていくことにします。相続とは、人の死亡を原因として財産上の地位が承継されることをいいます。そして、財産を相続される人、すなわち故人を「被相続人」、財産を相続する人を「相続人」と呼びます。

誰が相続人になるかは、民法に規定されています。民法で相続は、故人の財産を承継させる制度として、その内容がそれぞれの条文によって規定されています。

この「故人の財産」とは、現金や故人の通帳にある預貯金に限りません。自動車や貴金属、絵画などの動産、家や土地、マンションなどの不動産、株式などの有価証券などが含まれます。また、誰かにお金を貸して返済してもらっていない分（債権といいます）も相続の対象となります。

さらに、そういった〝プラスの財産〟だけでなく、借入金の返済や税金・家賃・水道光熱費などでまだ納めていない分（債務といいます）などの〝マイナスの財産〟も相続の対象です。このように、故人のプラスの財産とマイナスの財産のすべてを承継させるというのが相続という制度なのです。

原則は法定相続

では、相続人とは誰のことをいうのでしょうか。民法では故人の一定範囲の親族を法定相続人として規定し、それぞれの相続分の割合を定めています。この割合に従い相続することを法定相続といいます。

法定相続は原則ですが、これと異なる内容で相続をするケースもあります。たとえば、故人の遺言があれば、その遺言を優先した内容で相続が行われます。また、特定の相続人が相続を放棄することもあります。

民法は、そのような相続に関する各種のルールについても規定を設けています。

ちなみに相続税法は、相続が発生した際に、故人の財産が一定の額を超えるようなケースにおける課税および納税などについて定めた法律です。

1-02

相続人の範囲と相続の順位を理解しておこう

誰が「相続」するかを理解するためには、まず、法定相続人の範囲と実際に相続する人とは異なるケースがあるということを理解しておきましょう。

法定相続人とは、前述のように「相続人であると民法によって規定された人」のことをいいます。しかし、もし、ある法定相続人が相続放棄をした場合、もしくは相続分を譲渡した場合、法定相続人と実際に相続する人が異なってきます。その場合も、本来、誰が相続するのかを理解するために、まずは誰が法定相続人かを確定させることが必要です。

また、相続税法では、相続税額の計算における基礎控除額は、法定相続人の数によって計算されます。

そのため、法定相続人の範囲を正確に把握しておくことは大切なのです。そして、相続人の範囲と優先順位についても、民法で明確に決まっています。

配偶者、子、親、兄弟姉妹の順に優先的に相続する

まず故人に配偶者がいる場合、配偶者は常に相続人となります。しかし、その配偶者は法的に婚姻関係にある人に限られます。内縁関係などにあり長く一緒に暮らしていても、法的に婚姻していない場合は法定相続人にはあたりません。

次に配偶者以外の相続人です。故人との血縁関係に応じて相続の順位が決まっています。順位は次のように第3順位まで規定されています。

①第1順位

直系卑属《ひぞく》（子や孫など自分より後の世代で血のつながった親族）である子あるいはその子孫が相続人となります。通常は故人の子ということになりますが、子がすでに他界している場合は孫となり、孫もすでに他界している場合はひ孫ということになります。このような孫やひ孫は代襲相続人といわれます。

②第2順位

第1順位の相続人がいない場合は、直系尊属《そんぞく》（親や祖父母など自分より前の世代の血族）

が第2順位の相続人となります。もし、両親ともに他界している場合には祖父母になり、祖父母が他界している場合は、祖父母の親ということになります。

③第3順位

さらに、その第2順位の相続人もいない場合は、第3順位として傍系血族にあたる兄弟姉妹が相続人となります。兄弟姉妹もすでに他界している場合は、その兄弟姉妹の子が代襲相続人となります。もし第3順位である兄弟姉妹の子もいない場合には、法定相続人は「いない」ということになります。

ちなみにこの第1から第3の優先順位を無視した相続は、民法上は認められていません。すなわち故人の子より親や兄弟姉妹が優先的に相続することは認められていないのです。

配偶者と子がいる人が故人となった場合の相続人の範囲と優先順位について、次ページ図に示しておきます。税法では、これが基礎控除額の計算などに使用される相続人の数（範囲）に関わってくるので、誰が法定相続人にあたるのかしっかり把握しておきましょう。

相続人の範囲と順位

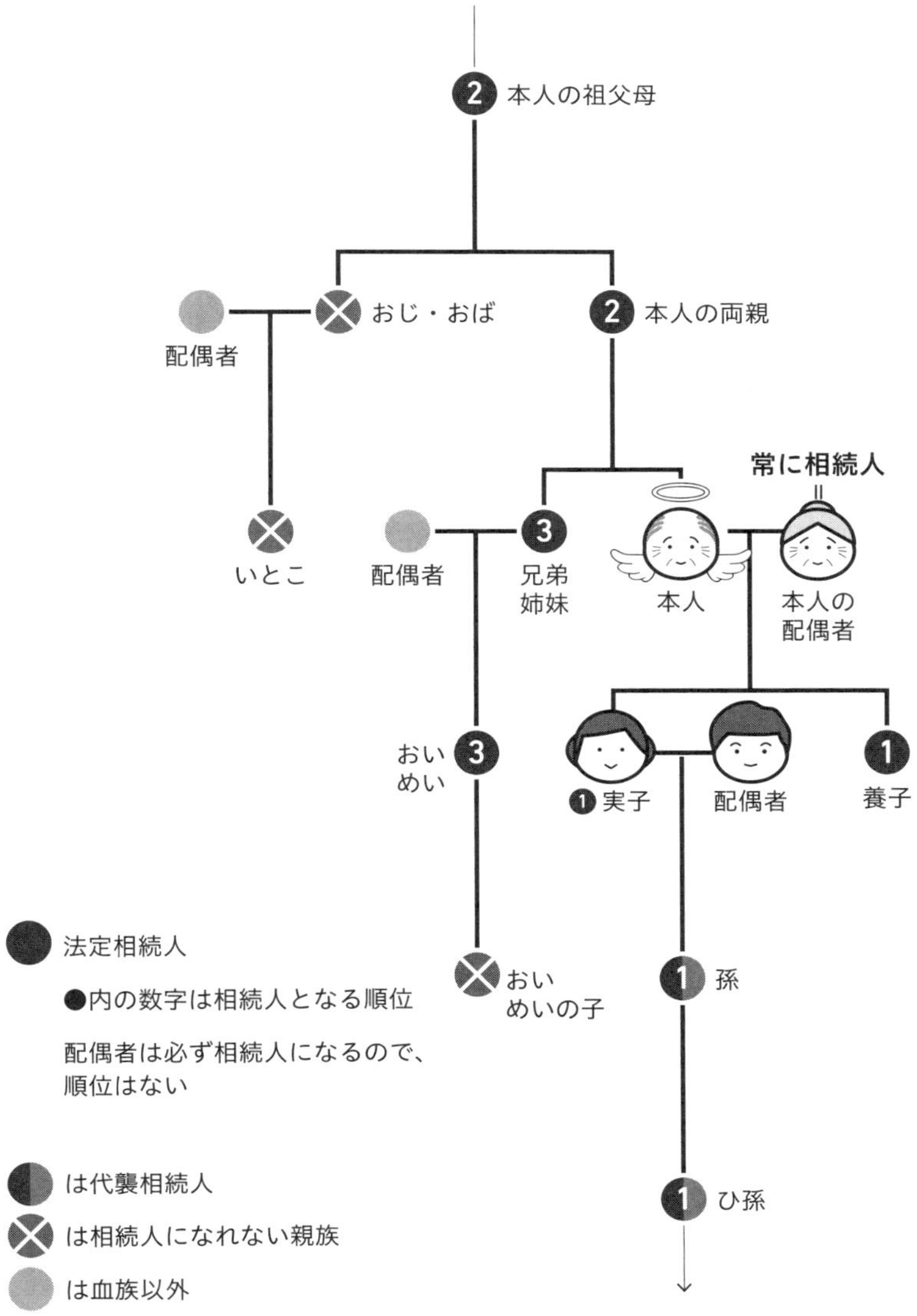
2 本人の祖父母
配偶者
おじ・おば
2 本人の両親
常に相続人
いとこ
配偶者
3 兄弟姉妹
本人
本人の配偶者
おいめい 3
1 実子
配偶者
1 養子
おいめいの子
1 孫
1 ひ孫
法定相続人
●内の数字は相続人となる順位
配偶者は必ず相続人になるので、順位はない
は代襲相続人
は相続人になれない親族
は血族以外

改正

1-03

相続人ではない親族も、貢献度により金銭請求が可能に

38ページもあわせて参照

民法では自己の配偶者の血族と、自己の血族の配偶者を姻族といい、配偶者、6親等以内の血族と3親等以内の姻族を「親族」と規定しています。そして、前項の「相続人の範囲と順位」の図のとおり、法定相続人は、配偶者を除きすべて血族です。

そのため、血族ではない人は法定相続人には該当せず、遺言がない限り故人の財産を取得することはできませんでした。その点、今回の改正相続法では相続人ではない親族も故人の看護や療養などの貢献度合いにより相続人に対し金銭請求ができるようになりました。

子の配偶者にも応分の対応を！

配偶者と子がいる者が故人となって相続が発生したケースでの、民法上の親族を想定して

みましょう。故人から見た親族は次のようになります。

①1親等……父母と子、また、子の配偶者

②2親等……祖父母、孫、兄弟姉妹、また孫、兄弟姉妹の配偶者

③3親等……曾祖父母、ひ孫、おじ・おば、おい・めい、および、「ひ孫、おじ・おば、おい・めい」の配偶者

このうち、配偶者側の血族と、子・兄弟姉妹・おじ・おば・おい・めいの配偶者には、相続の権利がありませんでした。とくに子の配偶者は親族の関係では1親等にありながら、相続の権利がなかったのです。

たとえば、親が高齢で寝たきりなどになると、子夫婦は何かと親の面倒を看ることが少なくありません。長子相続が前提ではなくなった今日でも、長男の嫁は高齢で寝たきりなどになった義父母の看護や療養に関して期待されていた面があったのも事実でしょう。

この実情に関する今回の相続法の改正内容は38ページのとおりです。これは、子の配偶者が高齢となった義父母の看護や療養に対応することを〝当然の義務〟とするものではありませんが、実際にはそうなってしまっている実情を踏まえ、その貢献に対し、立法的に、何かしらの手当てがあって然るべきという考えがあったものと思われます。

1-04 改正

相続人の権利について再確認しておこう

48ページもあわせて参照

相続人には、故人の財産を相続する権利があり、その相続できる割合については民法で規定されています。それを法定相続分と呼びます。

配偶者は常に相続人ですので、故人に子がなく相続人が配偶者だけの場合は、故人の財産のすべてを配偶者が相続します。それ以外の場合の法定相続分は次ページの表のとおりです。

「遺言」「遺留分」「代襲」による相続とは？

法定相続分について、いくつか押さえておきたい留意点があります。

①遺言とは？

遺言とは、故人の生前における最終の意思表示です。通常は遺言書という書面で示されま

法定相続分の一覧

相続の順位	法定相続人になる人		法定相続分（該当する相続人が複数いる場合は人数割となる）			
			配偶者	子	親・祖父母などの直系尊属	兄弟姉妹
1	子（代襲相続人を含む）がいる場合	配偶者がいる	1／2	1／2	なし	なし
		配偶者がいない	–	1	なし	なし
2	子（代襲相続人を含む）がいない場合	配偶者がいる	2／3	–	1／3	なし
		配偶者がいない	–	–	1	なし
3	子と直系尊属がいない場合	配偶者がいる	3／4	–	–	1／4
		配偶者がいない	–	–	–	1

遺留分は法定相続分の1／2
（直系尊属のみが相続人の場合は1／3）
ただし、兄弟姉妹に遺留分は認められていない

す。遺言書がある場合は、遺言書の内容にもとづく財産の相続が優先されます。遺言書がない場合は民法で規定されている割合で相続します。

②遺留分とは？

そして、遺留分についても留意が必要です。48ページでも触れましたが、遺留分とは遺言によっても侵すことのできない相続人に認められた相続財産の割合です。その権利の有無と割合は相続人によって異なり、子の場合は法定相続分の2分の1となります。たとえば、故人に配偶者と子が2人いる場合、1人の子の法定相続分は2分の1×2分の1で4分の1ということになりますが、その2分の1である8分の1が1人の子の遺留分割合ということになります。

遺言書の記載どおりに相続して、それが他の相続人の遺留分を侵害する場合、侵害された相続人は遺留分を確保するために遺留分権を行使することができます。これを従来は「遺留分減殺請求」と呼んでいました。

なお、この遺留分減殺請求については、今回の改正で「遺留分侵害額請求」に改められました。相続財産によっては土地建物など分割しにくい財産があり、改正前は、減殺請求によりその財産は当然に相続人による共有財産となっていましたが、相続法の改正により、遺留分の侵害に対しては、金銭請求により解決が図られることになったのです。

③代襲相続とは？

さらに、代襲相続という規定も留意しておくべき事項の1つです。代襲相続とは、故人より先に相続人が死亡している場合などに、相続人の直系卑属が代わって相続することをいいます。たとえば、故人に配偶者と子が1人いて、その子が故人の生前にすでに死亡しているものの、さらに子（故人にとっては孫）がいた場合は、その孫が財産を代襲相続することになります。

なお、かつて結婚していない男女の間に生まれた子（非嫡出子）の相続が問題になっていました。民法上、法定相続分は嫡出子の半分とされていましたが、それは公平性に欠けるとの考えから2013年に民法が改正され、現在は嫡出子と同じ割合の法定相続分となっています。

このように、相続人の権利と一口にいっても、民法を杓子定規に適用すると不公平になってしまうケースがあります。民法は、そのような不公平感を解消するために改正を重ねてきたということがいえるでしょう。

1-05

相続税がかかる人とかからない人の差は？

相続税は「故人から多額の財産をもらう人にかかる税」と考えるのは正解でもあり、不正解でもあります。より正確にいうと「故人の相続財産の額が一定以上の人にかかり、その納付義務を相続人が法定相続割合に応じて負う」というスタイルになります。

相続財産額が基礎控除額に収まれば課税されない

相続税の課税対象となる財産については後述しますが、まず、基本として、相続税は「故人の財産のうち、お金で評価できるすべての財産の合計額にかかる」と理解しておいてください。

その「故人の財産のうち、お金で評価できるすべての財産の合計額」については、基礎控除額という「財産の額から差し引いてもよい額」があります。その額は、下図の計算式で求めます。法定相続人が2人の場合だと、4200万円が基礎控除額です。故人の相続財産額がこの基礎控除額に収まれば、相続税はかかりません。

そして、「故人の財産のうちお金で評価できるすべての財産の合計額」から課税財産の額を算出し、この基礎控除額を差し引いた額に対して相続人が納めるべき相続税額の総額が計算されます。

同じような財産額でも相続税がかかる人とかからない人がいる

2人の故人の財産が同じような額でも、ある相続人には相続税がかかり、別の故人の相続人には相続税がかからなかったということがあります。その違いは、節税手

法定相続分とは？

3,000万円＋(600万円 × 法定相続人の数)

法定相続人が1人
3,000万円＋(600万円×1)＝**3,600**万円

法定相続人が2人
3,000万円＋(600万円×2)＝**4,200**万円

財産合計額

【左ページの(1)〜(5)のいずれかの額と2.〜8.の金額】 ＝ ＿＿＿＿（万円）

相続日前3年の生前贈与があれば、その分も加算

9.債務（団信保険付ローンを除く）

借入金 ＿＿＿＿（万円）

葬式費用予想額 ＿＿＿＿（万円）

債務合計額

＝ ＿＿＿＿（万円）

財産合計額		**債務合計額**		**純資産額**
（万円）	－	（万円）	＝	（万円）

純資産額 ＿＿＿＿（万円） が **基礎控除額**（3000万円＋600万円×法定相続人の数） ＿＿＿＿（万円） を

超える → **相続税がかかる**

超えない → **相続税がかからない**

相続税がかかるかどうかの判断ポイント

相続時精算課税を選択していない場合

1.自宅の敷地

(1) 路線価方式のケース (100ページ)

路線価 ＿＿(万円) × 地積 ＿＿(㎡) ＝ (1) ＿＿(万円)

(2) 倍率方式のケース (101ページ)

固定資産税評価額 ＿＿(万円) × 倍率 ＿＿(㎡) ＝ (2) ＿＿(万円)

(3) 小規模宅地等の特例 (202ページ)

①特例の適用があるケース(配偶者や同居の子が相続する場合等)

イ.上記(1)または(2)の地積が330㎡以下の場合

(1)または(2) ＿＿(万円) × **20%** ＝ (3) ＿＿(万円)

ロ.上記(1)または(2)の地積が330㎡超の場合

(1)または(2) ＿＿(万円) × $\frac{330㎡}{(1)または(2)の地積}$ × **20%** ＝ A ＿＿(万円)

(1)または(2) ＿＿(万円) × $\frac{(1)または(2)の地積-330㎡}{(1)または(2)の地積}$ ＝ B ＿＿(万円)

A ＋ B ＝ (4) ＿＿(万円)

②特例の適用がないケース　上記(1)か(2)の金額 (5) ＿＿(万円)

2.自宅の建物 (107ページ)

固定資産税評価額 ＝ ＿＿(万円)

3.現金・預貯金 (116ページ)

残高 ＿＿(万円)

4.上場株式 (119ページ)

時価 ＿＿(万円)

5.ゴルフ会員権 (121ページ)

取引時価 ＿＿(万円) × **70%** ＝ ＿＿(万円)

6.生命保険金

(被相続人が契約者かつ被保険者であるもの)

(214ページ)

保険金額 ＿＿(万円) － **500**万円(非課税金額) × 法定相続人の数 ＿＿(人) ＝ ＿＿(万円)

7.死亡退職金

(216ページ)

予想死亡退職金額 ＿＿(万円) － **500**万円(非課税金額) × 法定相続人の数 ＿＿(人) ＝ ＿＿(万円)

8.その他の財産

＿＿(万円)

法による違いのほか、そもそも法定相続人の数が異なることにより、基礎控除額が異なるからです。

この基礎控除額は、２０１５年以降の相続から大きく引き下げられました。そのため、課税対象者が増えています。

では、相続税がかかる場合、それぞれの相続人に対してはどのような金額の相続税がかかるのでしょう。

相続税額の算出方法は、それぞれの相続人が相続などで実際に取得した財産に直接税率を乗じるというものではありません。相続税の課税財産をもとに計算された「正味の財産額」から基礎控除額を差し引き、その残りの額を民法に定める相続分（法定相続分）により按分した額に税率を乗じることによって算出されます。

なお、ある故人の相続において、相続税がかかるかどうかは、前ページ図のように判断します。相続税の節税を考える際にも参考になるので押さえておきましょう。また、２２９ページには相続税額の早見表も掲載していますので、あわせて参考にしてください。

1-06

相続が発生してから相続税の申告・納付までのスケジュール

相続税を納めた経験のある人にとっては、相続税の申告と納付までのスケジュールは意外と短く、対応に追われたという実感があるものです。そのスケジュールを次ページの図にまとめておきます。初めて相続を経験する人は、少なくとも、後述する「相続放棄」か「限定承認」を選択する場合は3か月以内に行い、「相続税の申告と納付」は10か月以内に終えるということを理解しておいてください。

相続税がかかることがわかったとき、故人が亡くなったことを知った日から10か月以内という相続税の申告・納付期限に間に合うように、諸々の手続きを進めていきます。

なお、相続税の申告・納付後、税務調査を受けるケースもあるほか、また、実際の遺産の名義変更を行います。税務調査は申告後、1～2年のうちに税務調査が行われることが多く、申告書の提出をした相続人の1割前後の人、また多額の相続財産があった故人の相続人

相続の主な手続きと期限・スケジュール

① 被相続人の死亡	死亡届の提出、葬儀の手配、遺言書の有無の確認のほか、状況に応じて相続人の確認や遺産分割の話し合い、税理士への依頼を進める

↓ **3か月以内**

② 相続放棄か限定承認を選択するかどうかを決める	相続放棄か限定承認の場合は、家庭裁判所への申述が必要。手続きをすることによって期限を延ばすこともできるが、何も手続きしなければ普通の相続（単純承認）となる

↓ **4か月以内**

③ 相続人の青色申告の届出	故人から相続人が事業を引き継ぐ場合、青色申告の届出を行う。亡くなった日などによって期限が異なるので、税務署に確認する

↓ **4か月以内**

④ 被相続人の準確定申告	亡くなった年の1月1日から亡くなった日までの所得の申告を行う

↓ **10か月以内**

⑤ 相続税の申告と納付	所轄の税務署に相続税申告書を提出し、納付する

に対して行われるといわれます。遺産の名義変更はとくに期限は定められていませんが、遺産分割協議（遺言書がない場合のほか、遺言書に不備がある場合などに、法定相続人全員の合意のもと、財産の分割内容や方法について話し合うこと）の終了後、遺産分割協議書にもとづいて行います。

遺言書の有無を確認する

まず、葬儀のあと、最初に行う公的な手続きは、故人の死後7日以内に行う死亡届の提出です。その届出と同時期くらいに、遺言書の有無を確認します。

法的な効力が認められている遺言書の場合は、その遺言書に沿って遺産の分割方法や相続人ごとの財産の配分が決まります。そのため、故人が亡くなったとき、最初に遺言書の有無を確認する必要があるのです。遺言書がないと思い込んで遺産分割の手続きを進め、あとから遺言書が見つかった場合には、遺産分割をやり直すことにもなりかねません。

遺言書があった場合、その遺言書が公証役場で作成した公正証書遺言であれば、法的な効力が認められているため、その遺言書どおりに遺産を分割してもほとんど問題は生じません。

しかし、本人が書いた自筆証書遺言の場合は、遺言書として効力を持つ書き方ができているかどうかを確認する必要があります。２０２０年７月以降、改正相続法によって自筆証書遺言は法務局に保管してもらえて、その場合は家庭裁判所での検認が不要になりますが、遺言書の中身の正しさまで保障してくれるわけではないので注意しましょう。

なお、自筆証書遺言の記載の留意点については１４７ページに示してあるので、参考にしてください。

相続放棄や限定承認をしなければ、単純承認に

遺言書の有無とその内容の確認と並行して、相続人の確認を行います。生まれてから亡くなるまでの戸籍謄本を取り寄せて確認しますが、今日、ほとんどの市区町村役場の連携により、戸籍の全部事項証明書を見れば結婚したことや子が生まれたことなどがわかるようになっています。そのため、亡くなるときまで住んでいた市区町村役場で戸籍謄本を取得すれば、相続人が誰であるかを確認することができます。

その相続人の確認と並行し、大まかでよいので故人にどのような相続財産があり、財産額

としてはどれくらいの額になるかを把握します。多くの人に共通するプラスの財産としては、現金と預貯金のほか、家や自動車などの不動産と動産、生命保険などの保険金の一定額、ゴルフ会員権や株式などの有価証券でしょう。加えて借入金の返済や未納になっている支払いなど、前述のマイナスの財産がないかも確認します。

これら財産については、すべての財産が遺言書に明記されているとは限りません。公正証書遺言の場合も、公証役場で作成してもらったあとに財産を新たに取得したり、処分したりしたケースがないとも限りません。そのようなことも考慮して相続財産を確認します。

そして、相続放棄や限定承認（80ページ参照）を選択する場合は、故人が亡くなって3か月以内に家庭裁判所に申述と呼ばれる手続きを行います。相続放棄や限定承認の手続きを何もとらない場合は、いわばプラスの財産もマイナスの財産もすべて相続することになります。これを単純承認といいます。

なお、相続放棄はそれぞれの相続人個人の判断で選択できますが、限定承認は相続人全員の連名で手続きします。相続人が遠方に住む場合には承認や署名などに手間がかかるので、早めに対応すべきでしょう。

相続税の申告と納付までに行うべき税務手続き

相続税がかかる場合、その申告と納付は、故人が亡くなったことを知った日から10か月以内と定められています。それとは別に、相続税がかかる・かからないにかかわらず、故人が亡くなった年に収入があった場合は、所得税の確定申告（準確定申告という）を行います。故人が亡くなった年の1月1日から亡くなった日までの所得を計算し、所得税を納める必要があれば故人が亡くなった日から4か月以内に所得税を納めます。

ちなみに、その所得税額は故人の財産の額から差し引きます。逆に故人が公的年金を受給していたり、給与を受けていたりする場合には、すでに所得税が源泉徴収されていることもあり、準確定申告の結果、還付金を受けられるケースもあります。その還付金は故人の相続財産に加えます。

改正

1-07 相続財産となる預貯金が仮払いできる

29ページもあわせて参照

改正相続法により、故人の相続財産のうち預貯金に関する仮払い制度として創設された内容は、次の2点です。

①預貯金に限り、家庭裁判所に対する仮分割の仮処分の要件を緩和する

これは、家事事件手続法の保全処分の要件を緩和し、預貯金の仮分割の仮処分を認められやすくすることで、各相続人の資金需要に応えようとする内容です。

②金融機関ごとの金額による上限を設けたうえで、預貯金の一定割合については、家庭裁判所の判断を経なくても各相続人が単独で金融機関の窓口で払い戻しを受けられるようにする

この「金額による上限」については、「相続を開始したときの預貯金債権の額×3分の1×その払戻しを行う共同相続人の法定相続分」で計算します。

ただし、上限額は金融機関ごとに判断することになるので、故人が1つの銀行に複数の口座を持っている場合には、それらを合算した金額をもとに上限を算出します。

金融機関の負担も大きい

この仮払い制度は、相続人が当面のお金を十分に持っていない場合にとてもありがたい制度です。たとえば、故人が亡くなったあと、次のような故人に関わる債務の支払いが必要になることがあります。

- **故人の生前の入院費や手術代などの支払い**
- **家賃、水道光熱費、通信費などの未払い分**

そのほか故人が生前、利用したものに対する未払い分の支払いについて請求書や督促状が、相続人のもとに届くこともあり得ます。1つひとつは大きな額ではないかもしれませんが、総額になるとある程度まとまった金額になってしまい、すぐにそのお金を用意できないという事態が生じることもあるでしょう。

このような、お金が必要だけど、急場のお金が用意できないようなときに、仮払い制度を利用することのメリットは大きいといえます。

しかし、家庭裁判所の判断を経ない仮払い制度が実務で利用されるかどうかは、銀行次第という面もあります。

制度としては用意されたとしても、要件や手続きについて銀行の理解が十分でないと、当初は仮払い制度に応じないという可能性も十分に考えられます。

この点は仮払い制度の利用が広まり、早く銀行実務として定着することに期待するほかありません。

仮払い制度のメリットとデメリット

メリット Merit

① 故人の葬儀費用、未払い分の支払いに対応できる
② 相続人の生活費などを工面できる

デメリット Demerit

❶ 銀行側の迅速な対応が未知数
❷ 家庭裁判所の手続きとなると実際は面倒

1-08

単純承認、相続放棄、限定承認、相続の3つの方法

相続の方法には、「単純承認」「相続放棄」「限定承認」の3つがあります。相続にあたってプラスの財産もマイナスの財産も相続する「単純承認」の場合には、特段の申請は必要ありません。

しかし、相続を放棄する場合や相続の限定承認を行う場合は、3か月以内に家庭裁判所に申請（申述という）を行わないといけません。この手続きについて詳しく見ていきましょう。

相続放棄とは、すべての財産の相続を放棄すること

相続には、自分にとって都合のよい財産だけ相続し、他の財産は相続しないといった方法はありません。そのようにしたい場合には、すべての財産を相続する単純承認を選択したう

えで、遺産分割の協議のなかで相談人同士で話し合って決める必要があります。

その点、相続放棄は「プラスの財産もマイナスの財産もすべての財産の相続を放棄する」ことになります。相続放棄の場合は、相続の限定承認とは異なり、相続人が自分の意思だけで行うことができます。

一般的な家庭では、故人のプラスの財産よりマイナスの財産が多い場合に、「借金を相続するのは荷が重い」と考え、相続放棄するケースが多いようです。しかし、その場合に限らず、たとえば特定の相続人が、「私は事業で成功して財産があるので、故人の財産は他の相続人で分けてほしい」というケースもあり得ます。その場合

相続放棄と限定承認とは？

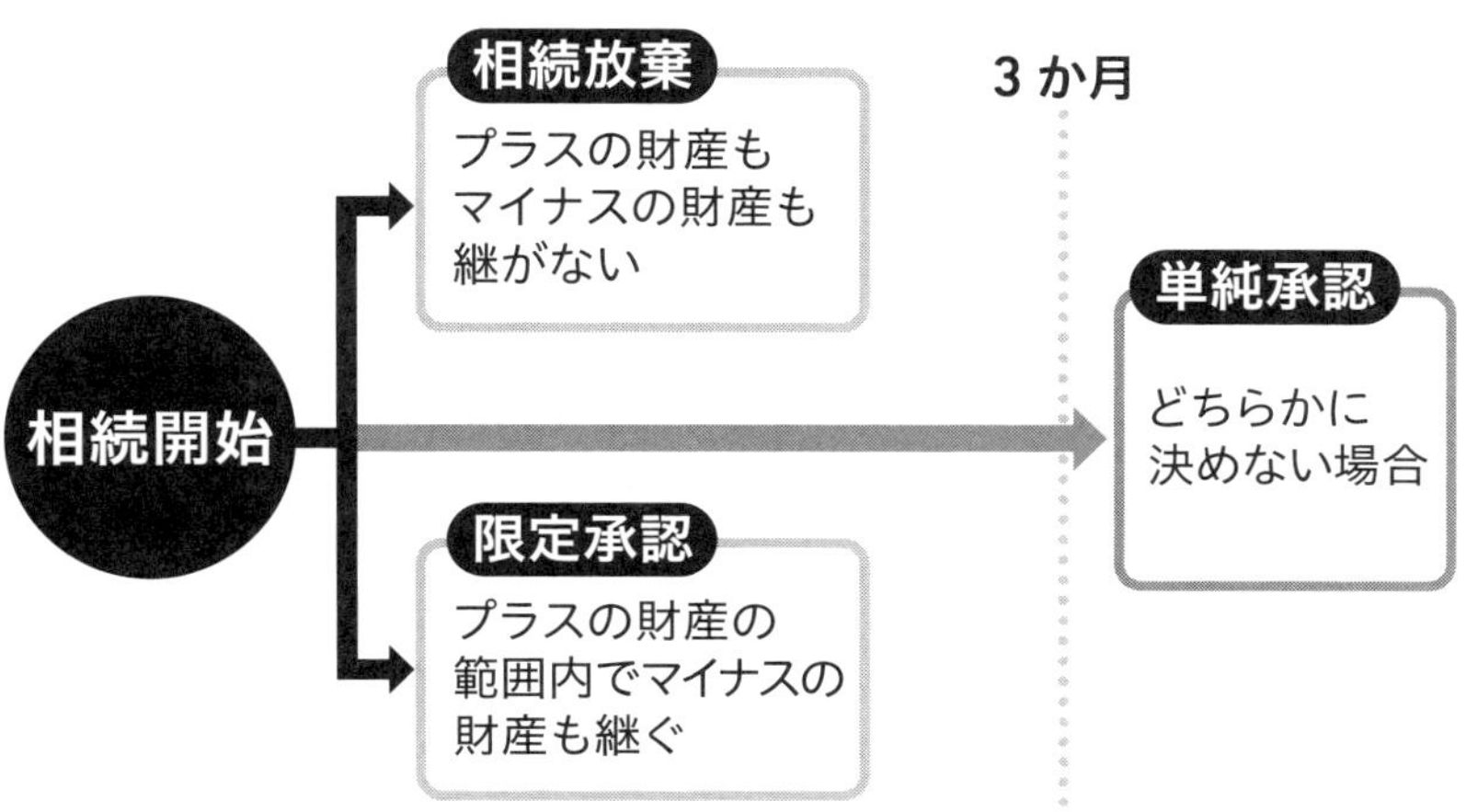

に、財産を相続する必要がないと考える相続人が相続放棄することになります。

ここで、相続放棄に関するよくある勘違いを紹介します。「家庭裁判所に申述して相続放棄すること」と「遺産分割協議の結果、ある相続人が財産を相続しないということ」は似ているようで異なるということです。前者を「法律上の相続放棄」、後者を「事実上の相続放棄」といったりもします。

前者の法律上の相続放棄をした相続人は、遺産分割協議に参加できません。その相続に関するいっさいの権利や義務を放棄するということだからです。ところが後者の事実上の相続放棄の場合は、遺産分割協議には参加しなければなりません。そのとき、たとえば、「ない」と思っていた借金が遺産分割協議の段階や、それよりさらにあとになってから判明することもあり得ます（その逆に、多額のプラスの財産があとになってわかるケースもあり得ます）。その場合に、法律上の相続放棄をしていないと、借金の返済を迫られたり、遺産分割のやり直しの協議に参加しなくてはならないことにもなります。

また、相続放棄した人が故人の生命保険金や死亡退職金の受取人になっているケースがあります。その場合には、相続税の非課税枠（214～217ページ参照）が適用されず、受け取った死亡保険金や死亡退職金に対して相続税が課税されることがあります。そのぶん、相続放棄した人は損な選択をしてしまったということにもなり得ます。

限定承認を利用するケース

限定承認は故人の債務（マイナスの財産）が正確にはわからない場合に、それをプラスの財産の範囲内で相続したいというケースで使われたりします。

この限定承認は、相続人全員で家庭裁判所に申述します。相続人のうち1人でも反対していれば、限定承認はできません。ただし、相続人の1人が相続放棄し、残った相続人全員で限定承認することは可能です。

限定承認の申述の期限は相続放棄と同様に、相続の開始があったことを知った日から3か月以内です。なお、限定承認を行うと、故人が相続人に対し、財産を時価で売却したものとみなして「みなし譲渡所得税」が課税されます。このみなし譲渡所得税は、相続人が準確定申告を行い、税金を納付します。限定承認はこのように手続き的に手間がかかることも多いので、利用する際には弁護士などによく相談することをおすすめします。

1-09

延納や物納もある！相続税納付の基礎知識

相続税の納付の期限は相続があったことを知った日から10か月以内。他の税目と同様に、税額の多寡にかかわらず、一括で現金による納付が原則です。

しかし、家や土地などすぐには換金しにくい財産を相続により取得した場合など、一括現金納付ができにくいケースもあります。その場合は年賦で納める延納のほか、そのまま財産を納める物納が認められています。

納付期限に間に合わない場合に申し出る「延納」

まず、税金を期限までに納められない場合、その税額には延滞税が加算されます。その税率は、２０１８年１月１日以降は、年８・９％となっています。ただし、納税の期限から２

か月以内に納める場合は、年2・6％の税率で計算されることになっています。

延納は一般的に、納税の期限から遅れ、しかも、数年かけて納めなくてはならないケースで申請します。月賦ではなく年賦です。税務署と相談した納付スケジュールに沿って年1回納めるわけです。納税しなければならない税額が大きい場合、5年、10年、20年かけて納め続けるようなケースもあります。

その延納に際しては利息、すなわち利子税がかかります。利子税の率は相続財産に占める不動産の割合などによって変わります。ちなみに、2018年1月1日以降は年1・6％を基準に、不動産の割合など相続財産の状況に応じて定められています。

これらの延滞税・利子税の率は、その年の経済状況、金利動向などによっても変動しますので注意してください。

なお、相続税の延納に関しては、相続の日から10か月以内という相続税の納付期限内に延納の申請書を税務署に提出するほか、次のような条件があります。

①相続税の額が10万円を超えていること

②現金での納付が困難であること

③延納のための担保を提供できること

このうち③の担保の提供に関しては、延納の額が100万円以下で、延納の期間が3年以下の場合には不要です。

申請にあたっては、延納の申請書のほか担保提供関係書類も添付する必要があります。

相続人としては、先に示した利子税の負担も大きいので、一時しのぎの対応が結局、自分の首を絞めることにならないか留意しておくべきです。提供できる担保も何でも認められるものではありません。そのため「延納であれば確実に納付できる」という見込みができてから申請すべき、ということもできます。

延納でもむずかしいときには「物納」を検討する

延納でもむずかしい場合は、物納を検討せざるを得ません。現金で税金を納める代わりに家や土地などの相続財産を税金として納める方法です。

物納の場合は物納申請書を提出しますが、物納できる財産には次ページ図のような要件があります。これらに該当する財産で、第1から第3の順で物納できる財産が決まります。

なお、物納できる財産の条件の③「管理処分不適格財産に該当しないものであること」と

物納できる財産の主な条件と優先順位

① 延納によっても金銭で納付することが困難で、かつ、その納付を困難とする金額を限度としていること

② 物納申請財産は納付すべき相続税額の課税価格計算の基礎となった相続財産であり、その所在が日本国内にあること

③ 物納に充てることができる財産は、管理処分不適格財産に該当しないものであり、物納劣後財産（物納に充てることのできる順位が後のものとして取り扱う財産）に該当する場合には、他に物納に充てるべき適当な財産がないこと

④ 物納しようとする相続税の納付期限までに、物納申請書に物納手続関係書類を添付して税務署長に提出すること

第1順位　不動産
船舶
国債証券
地方債証券
上場株式等

第2順位　非上場株式等

第3順位　動産

は、担保権者がいたり所有権を争っていたりする財産のほか、維持することがそもそも困難な財産、譲渡制限がある株式などは物納には適さないということです。

延納から物納に移る場合の「特定物納制度」

延納していたけれども物納に変更したいという場合に関しては、「特定物納制度」が適用できます。

これは、「延納している相続税額について、延納し続けることが困難となった場合には、申告期限から10年以内に限り、分納期限が到来していない税額部分について、延納から物納への変更を行うことができる」という制度です。なお、特定物納する財産の価額については、特定物納申請をしたときの価額となります。

特定物納の申請をした場合には、物納財産を納付するまでの期間に応じて、当初の延納条件による利子税を納付するといった条件があります。

延納はもちろん物納も、制度としてはあるものの、それを選んだ相続人にとっては、相続以上の精神的負担を強いるようなケースがないわけではありません。そのため、その相続税について依頼した税理士も、「むしろ自分で相続財産をできるだけ換金処分して、現金として一括で納めたほうがよい」と考える人もいます。ですから、延納については、依頼した税理士とよく相談することが大切になってきます。

もちろん、故人の遺志、相続人の意向を踏まえることは重要ですし、財産の換金処分の難易度、その損得を十分に見極める必要もあります。意見は分かれるところですが、一概に「こうすることが得策だ」と断言できない面が延納・物納にはあるのです。

PART 2

相続財産のたな卸しをしておこう

改正

2-01

パソコンでもOK財産目録をつくろう

45ページもあわせて参照

相続法の改正によって、自筆ではなくパソコンで作成した財産目録を遺言書の添付書類として活用してもよいことになりました。自筆証書遺言を書く人にとっては間違えたら修正もできるので、これまでのような書き損じや不備が減り、遺言書を書くという意識のハードルが低くなったということができます。

遺言書や財産目録を書くということは、自分の財産はどのような状態にあるか、どのように残し、渡すのがよいかを見直すきっかけにもなります。そのためにも、まず、相続にあたっては、自分の財産をたな卸ししておくことが欠かせません。

なお、財産目録の作成は、故人が生前に自分の財産を一覧できるように記載しておくほうがよいでしょう。それでこそ自筆証書遺言の添付書類としての意義も明確になります。

ところが、実態としては遺言書のための財産目録というより、むしろ故人の相続時に相続人が遺産分割協議や相続税がかかるかどうかの判断のために相続財産を一覧できる書類に整理しておくこともあります。ここでは、後者の意味合いで相続人が作成する財産一覧表として説明します。

財産目録の書き方は自由

財産目録の法的なひな型、絶対的な記載事項といったものはありません。ただ、相続人同士が「故人にはどんな財産があり、誰が相続したらよいか」を話し合えるように、財産を特定できる一覧であることが求められます。単に「別荘・価格1000万円」と記載するだけでなく、「別荘の土地・建物それぞれに地番・面積・固定資産税評価額」などを記載しておいてもいいでしょう。預金も「××銀行：300万円」だけでなく、口座番号・取扱い支店名、普通預金か定期預金かの区別なども明記しておいてもかまいません。

次ページには、相続人が相続財産を把握する際に必要な「相続財産一覧表」をまとめました。書式は自由ですから、このような一覧表を故人が生前に自分で正確に記入しておけば、自筆証書遺言に添付する財産目録としての役目も果たします。

相続財産一覧表の例

		金額（評価額）
土地		
東京都世田谷区世田谷○丁目×番△	自宅敷地　150㎡	70,000,000
福岡県福岡市中央区天神×丁目×番○	賃貸マンション敷地 15㎡	8,000,000
土地計		78,000,000
建物		
東京都世田谷区世田谷○丁目×番△	自宅	20,000,000
福岡県福岡市中央区天神×丁目×番○	賃貸マンション	3,000,000
建物計		23,000,000
有価証券		
×× 証券	○○食品	5,000,000
×× 証券	△△印刷	2,500,000
□□証券	×× 投資信託	10,000,000
有価証券計		17,500,000
現預金		
○○銀行	普通預金	5,000,000
×× 銀行	普通預金	10,000,000
×× 銀行	定期預金	20,000,000
現金		100,000
現預金計		35,100,000
生命保険		
△△生命	死亡保険金	40,000,000
×○生命	死亡保険金	20,000,000
生命保険計		60,000,000
退職金		
○△商事	死亡退職金	30,000,000
退職金計		30,000,000
その他財産		
自動車	○○自動車　×△タイプ　H25 年式	2,000,000
その他財産計		2,000,000
財産合計		245,600,000
債務		
△△銀行	借入金	△ 15,000,000
債務計		△ 15,000,000

2-02

相続税がかかる財産とかからない財産

故人の相続財産には、相続税がかかる財産（課税の対象として財産評価する財産）と、相続税がかからない財産があります。

まず、相続税がかかる財産は、金銭に見積ることができるものすべてが対象になります。具体的には、現金や預貯金をはじめ、有価証券、貴金属・宝石や骨董品、土地・家屋などのほか、貸付金、特許や著作権などの経済価値があるものまでが対象です。

忘れてはいけないのが、死亡退職金や生命（死亡）保険金です。死亡退職金は故人が勤めていた会社から相続人に支給されるものです。相続税の課税対象となる生命保険金は積立金や保険料を故人が生前に負担し、その受取人が故人であるものです。いずれも、後述するように相続に関する財産の額を見積る際に、一部（非課税分＝法定相続人1人あたり500万円）を除いた額が相続税の課税対象となります。

これらはプラスの財産ですが、借入金などの債務（いわゆるマイナスの財産）も、故人の相続財産の額を見積る際に含めますので、相続税がかかる財産ということができます。

故人が亡くなる前3年のうちに受けた贈与にも、相続税がかかる

相続税がかかる財産には、先述の財産のほかにも次のような財産が含まれます。

①故人が亡くなる前3年以内に、相続人が故人から贈与により取得した財産

故人の亡くなる前3年以内に、故人から財産の贈与を受けていた場合は、原則として、その財産の贈与された時点の価額を相続財産に加算します。相続財産に組み込まれるため、贈与税の対象にはなりません。

②相続時精算課税の適用を受ける贈与財産

故人から、生前、相続時精算課税（187ページ）の適用を受ける財産を贈与により取得した場合には、その財産には相続税がかかります。その贈与財産の価額（贈与時の価額）を相続財産の価額に加算して、相続税額を計算します。

なお、次に挙げた財産は、「相続税が特別にかかる財産」として、相続もしくは遺贈に

よって取得したものとして課税されます。

①故人から生前に贈与を受けて、贈与税の納税猶予の特例を受けていた農地や非上場会社の株式など

②相続人がいなかった場合に、民法の定めによって相続財産法人から与えられた財産

②の相続財産法人とは、財産を相続する人がいない場合に相続財産を法人化することで、その相続財産法人から受けた財産は相続税が特別にかかる財産ということになります。

相続税の対象外の財産とは?

相続税の対象外となる財産は、墓地や仏壇、神像、仏像、仏具など「日常的に礼拝している宗教的なもの」です。それらには相続税の課税はありません。ただし、投資用の財産や商品などには相続税がかかる可能性があります。また、宗教・慈善・学術など、「相続する目的が公共事業・公益目的で使ってもらうことが確実な財産」も相続税の対象外になります。

そのほかの財産も含めて、相続税がかからない財産の主なものは次ページの図にまとめました。

相続税がかからない主な財産

①墓地や仏壇、神像、仏像、
仏具など「日常的に礼拝している
宗教的なもの」

②宗教・慈善・学術など、
「相続する目的が公共事業・公益目的で
使ってもらうことが確実な財産」

③地方公共団体の条例によって、精神や身体に障害のある人またはその人を扶養する人が取得する心身障害者共済制度にもとづいて支給される給付金を受ける権利

④個人で経営している幼稚園の事業に使われていた財産で、一定の要件を満たすもの（この場合は、相続人のいずれかが引き続きその幼稚園を経営することが条件となる）

⑤相続や遺贈によってもらった財産で、相続税の申告・納付期限までに国または地方公共団体や公益を目的とする事業を行う特定の法人に寄付したもの。あるいは、相続や遺贈によってもらった金銭で、相続税の申告・納付期限までに特定の公益信託の信託財産とするために支出したもの

2-03

土地（宅地）の評価はどのように行うのか？

多くの人にとって、相続財産のうち大きな割合を占めるのが家や土地などの不動産です。その不動産も金額として評価しなければなりません。

では、その評価方法の基本を順次見ていきましょう。まず、一般的な土地、すなわち宅地の評価です。

宅地の評価には４つの方法がある

土地には、農地や山林、牧場、原野などさまざまな形態がありますが、ここでは多くの人が関心のある「宅地」について見ていきます。宅地とは、田畑などの農地や山林や原野、そのほか湖沼や鉱泉地でない土地のことを指します。そこに家が建っていて、人が住んでいなくてはいけないというものではありません。宅地のなかの空地というものも存在します。

その宅地の価格を評価する方法は次の４つがあります。①と②が主要な評価法、③と④が主要な評価法では評価が難しい場合の評価方法と考えてください。

①路線価方式による評価

路線価方式というのは、土地にどの路線が面しているかで評価する方法です。路線というのは道路のことです。この路線の価格すなわち路線価は、国税庁が毎年発表する路線価図によって確認することができます。路線に面した宅地１平方メートルあたりの価格が毎年改定されますので、その路線価に土地の面積をかけて宅地の価格を計算します。

なお、実際の計算の際には、その宅地の利便性が高いかどうか、土地が使いにくいかどうかなど土地の形状に

主な土地（宅地）の評価方法

① 路線価方式

国税庁が発表する路線価図にもとづく評価額

② 倍率方式

固定資産税評価額に一定の倍率（国税庁が発表する評価倍率表にもとづく）をかけて計算する評価額

よる補正がなされます。その補正の基本的な方法については後述します。

②倍率方式による評価

倍率方式というのは、先述した路線価が定められていない、農村地や別荘地などの評価の際に用いられる方法です。その土地の固定資産税評価額に一定の倍率をかけて計算し、路線価方式との差を埋めるように設定されます。

固定資産税評価額は、毎年、市区町村役場から送られてくる固定資産税等納税通知書によって確認できます。一定の倍率については、国税庁が発表する評価倍率表で確認できます。

③公示価格による評価

公示価格は国土交通省が毎年公示している価格で、国や自治体が公共事業用地を取得する際に目安にしている価格です。この価格は、不動産取引や相続の際の財産評価など民間の取引でも利用することができます。

④売買取引時価による評価

売買取引時価とは、実際に売買する前提で評価される価格のことです。売買取引時価を算定するには、不動産業者に確認するほか、実際にその額をもとに納税申告する場合は、不動産鑑定士による鑑定が必要になってきます。

通常は路線価方式か倍率方式で計算する

通常、宅地（土地）を相続財産として評価する場合は、路線価方式を用いて評価額を算出します。路線価がついていない地域の場合は、倍率方式を利用して評価額を算出します。宅地の相続税評価額はこの２つのいずれかの方式により算出されるといっていいでしょう。

この２つの評価方法の基準となる路線価と固定資産税評価額は、通常、時価よりも２～３割ほど低めに設定してあります。そのため、このどちらかの方法を用いれば、不当な価格で評価額が計算されることはありません。

ただし、この２つの方式で算出するよりも、時価で評価したほうが有利なケースもあります。たとえば、土地の利用環境が激変した場合です。

路線価や固定資産税評価額、公示価格は、年に1度しか改定・公示が行われません。したがって、土地の利用環境が激変した場合、たとえば被災したり、開発計画が急になくなってしまったり、何らかの風評被害にあうなどがあった際は、公表のあとに時価が大幅に下がるケースがあります。そのような場合、売買取引時価を用いたほうが評価額は下がり、路線価方式や倍率方式による評価よりも相続財産の総額を抑えることができます。

このように、土地の評価というものは単純に考えていると見誤ってしまうほど複雑なものです。多少お金はかかってしまいますが、実際の相続の財産評価では、税理士や不動産鑑定士などそれぞれの専門家に算定を依頼するのが無難です。

利便性・形状などにより異なる土地評価の調整

土地の評価額は、その土地の形状によって調整がかけられます。このことを「画地補正」といいます。

路線価方式には、その土地が面している道路の路線価に地積（土地の面積）をかけて評価額を算出する際に、「標準的な宅地である」という前提に立っています。それは、

・土地の一面のみが道路に接していること
・周囲の宅地に比べて奥行が標準的であること

という基準を前提にしています。

しかし実際は、土地の形状はさまざまです。奥行が深い土地もあれば、２面、３面が道路

⑵実際の宅地の用途や履歴などに応じて、控除が行われるケース

① 利便性が著しく低い場合の控除

この控除は、「道路と宅地の高低差があまりにも大きい」「地形がデコボコしている、また地盤が弱く振動がひどい」「騒音、日当り、臭気、忌み（死亡事件があったなど）の問題があり、宅地としての評価が低い」などの場合に、10%の減額があります。しかし、路線価にこれらの状況が反映されている場合には、適用されません。

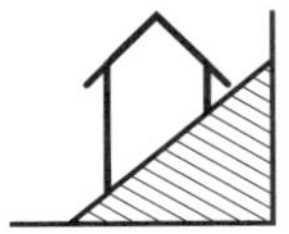

② 無道路地による控除

この控除は、道路に接していない、または接していても間口が接道義務を満たしていない場合に行います。接道義務とは、通常、宅地となる土地は2メートル以上道路に面していなくてはならないという建築基準法上の決まりです。ただし、他人の土地に面していて、なおかつそこを通る権利がある場合には、無道路地にはなりません。

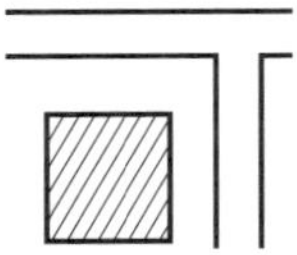

③ セットバックによる控除

この控除は、道路の拡張によりセットバック（後退）しなければならない場合の宅地については、その面積の分、減額されるというものです。建築基準法では、原則、道路の中心線から2メートル後退した線が敷地との境界線と決められています。そのため建物をこの境界線より内側にセットバックさせる必要があります。このセットバックすべき部分についての控除が行われるわけです。

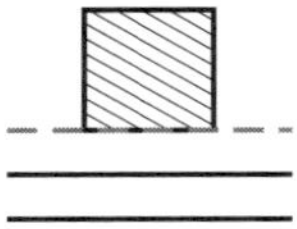

さまざまな土地評価額の補正

⑴土地の形状によって行われる補正

①「奥行価格補正」

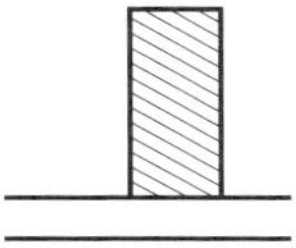

宅地の奥行に関する補正です。その地域の宅地の標準的な奥行を1.0と設定し、それに比べて浅いか深いかによって補正をかけます。

②「側方路線影響加算」と「二方路線影響加算」

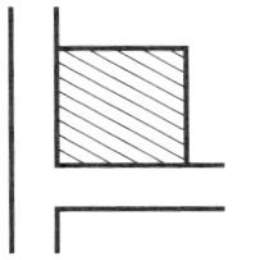

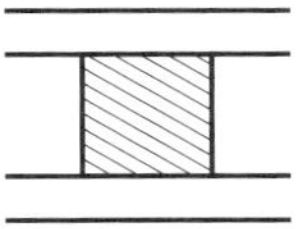

側方路線影響加算とは、宅地の正面だけでなく、側面も道路と接している場合にかかる補正です。角地や準角地の加算がこれに該当します。

また、二方路線影響加算とは、2本の道路に挟まれている場合にかかる加算補正です。3本以上の道路に接している場合は、この補正を併用して評価されます。

③「間口狭小補正」と「奥行長大補正」

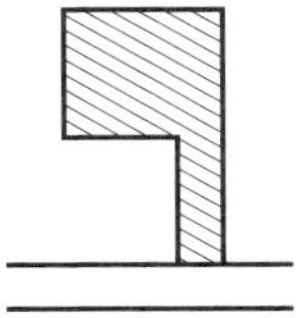

間口狭小補正は道路に接する部分が狭い場合にかかる補正です。いわゆる「旗竿地」または普通住宅地区で間口が8メートル未満の場合などが該当します。

また、奥行長大補正は奥行が深すぎる場合にかかる補正です。間口の長さに対して奥行が長い場合、普通住宅地区で2倍以上、いわゆる「うなぎの寝床」と呼ばれる土地等が該当します。

④「がけ地補正」と「不整形地補正」

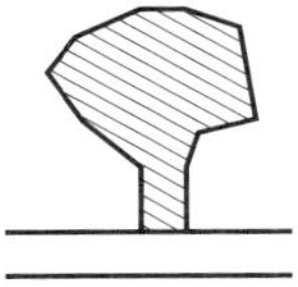

がけ地補正は土地の一部が急斜面になっている場合にかかる補正であり、不整形地補正は土地の形状がいびつな場合にかかる補正です。

に面している土地もあり、道路に面した部分（間口）の広さも異なれば、傾斜地・がけ地もあります。私道などにより道路からのアクセスなども宅地によって異なります。それらを踏まえて、前ページ図のような画地補正により評価額を調整しているのです。

そのほか、土地を貸付地として提供している場合、さらにその貸付地にアパートやマンションを建てて人に貸している場合など、その状況に応じて相続する土地の評価額としては減額されます。

2-04

家屋など建物の評価はどのように行うのか?

この項目では、土地(宅地)と同様に、家屋などの建物の評価の方法の基準を見ていきましょう。

建物は固定資産税評価額で!!

建物の評価額は固定資産税評価額を基本とします。これは、家屋をそのまま相続する場合の評価額と考えればわかりやすいでしょう。税法でも「固定資産税評価額の1・0が相続における家屋の評価となる」と明示していますので、この固定資産税評価額と相続税評価額は同じ額になります。

この固定資産税評価額は、もともと、その家屋の基礎がどのようなものか、また、各箇所に使われている素材、備わっている設備などを考慮してあらかじめ決まっていて、それに経年劣化などを加味して算出されます。

貸家の場合は、評価額が減額される

相続する家屋を他人に貸している場合、貸家としての評価額を算出します。家屋を貸家にしている場合、所有者の権利も狭まってしまいます。そのため評価が減額できるようになっています。

どのように減額されるかというと、固定資産税評価額に借家権割合と、賃貸割合を乗じた額が控除されます。借家権割合は国税庁がその建物がある地域ごとに定めている数値ですが、相続の場合に関しては一律30%と決められています。

賃貸割合は、その建物の床面積のうち、どれだけの面積を貸し出しているかという数値です。したがって、貸し出しているのが家屋全部の面積なのか、それとも一部の面積なのかで数値は変動します。その家屋を丸ごと貸家としている場合、賃貸割合は100%ですから、その場合の評価額は固定資産税の評価額よりも30%減額されます。家屋を貸家にしている場合の評価は113ページで詳しく解説します。

このように家屋の評価については、固定資産税評価額を原則として、そのうえで貸家に出した場合の評価ということになります。そのため、相続における家屋の財産評価にあたっては、まず、固定資産税評価額を確認します。そのうえで、貸家に出した場合にどれくらいの評価減になるのか、と計算することになります。

それぞれの評価額の多寡を比べると、「固定資産税評価額＞貸家の評価額」という関係になります。財産のたな卸しの段階では、この傾向を踏まえておくことも大切です。

貸家の評価額の計算例

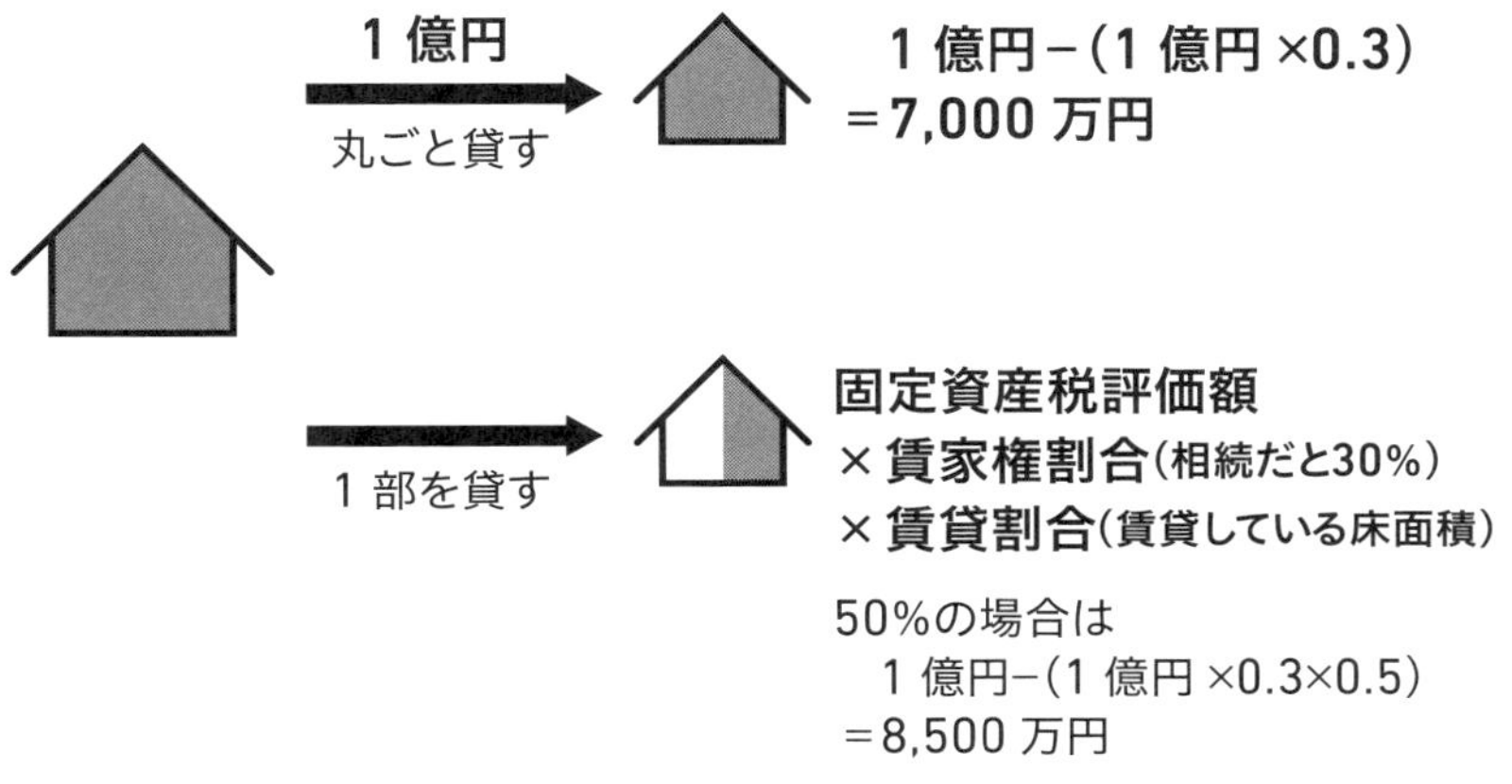

2-05 改正

配偶者に渡した住居の評価は？

17ページもあわせて参照

配偶者に渡した住宅の評価は、配偶者居住権に関わるものでない場合は、99～109ページで紹介した土地（宅地）の評価や家屋など建物の評価にもとづいて算出します。ここでは、相続法の改正にともない、配偶者が居住権を取得した住宅の評価について見ていきます。

配偶者居住権という「負担付の財産」として評価

まず、配偶者居住権のうちの短期居住権については相続税の対象とはなりません。そのため、評価はゼロということになります。そして、配偶者居住権については、「建物」と「土地」に分けて、次ページ図のように評価します。配偶者居住権が設定された建物と敷地は、配偶者居住権という「負担付の財産」として、通常の評価額から配偶者居住権等相当額を控

配偶者居住権の評価方法

建物

① 配偶者居住権

建物の相続税評価額 − 建物の相続税評価額 ×

$$\frac{\text{残存耐用年数(※1)} - \text{存続年数(※2)}}{\text{残存耐用年数(※1)}} \text{(※3)} \times \text{存続年数に応じた民法の法定利率(※4)による複利現価率}$$

② 配偶者居住権が設定された建物(以下居住建物)**の所有権【居住建物所有権】**

建物の相続税評価額 − 配偶者居住権の価額

土地

③配偶者居住権にもとづく居住建物の敷地の利用に関する権利(敷地利用権)

土地等の相続税評価額 − 土地等の相続税評価額 × 存続年数に応じた民法の法定利率(※4)による複利現価率

④居住建物の敷地の所有権【敷地所有権】

土地等の相続税評価額 − 敷地の利用に関する権利の価額

除して評価し、相続税の課税対象とするわけです。

図の計算式のうち残存耐用年数（図の※1）は住宅用の法定耐用年数を×1・5倍して築年数を差し引きます。また、存続年数（図の※2）は、次の2つのいずれかになります。

①配偶者居住権の存続期間が終身の間である場合は配偶者の平均余命年数

②前記①以外の場合は遺産分割協議等により定められた存続期間の年数（配偶者の平均余命年数が上限）

また、「残存耐用年数」または「残存耐用年数－存続年数」がマイナスとなる場合には※3の部分はゼロとします。法定利率（図の※4）は2020年4月1日より3％となり、その後3年ごとに見直されることになります。なお、「複利原価率」は、国税庁が毎年発表する基準年利率から算出され、財産評価基本通達によって示されます。

評価の計算式から考えると、配偶者が若く、配偶者居住権の存続年数が長期であるほど、自宅全体の評価額に占める配偶者居住権と、その敷地利用権の価額の割合は大きくなります。配偶者居住権の存続年数が長期になれば、配偶者は配偶者居住権が設定された自宅を売却したいと思うケースが出てくるかもしれません。そうした場合の課税の問題もありますので、改正相続法を踏まえた税務相談ができる税理士に確認してみることをおすすめします。

2-06

貸している土地や建物の評価の基本

貸宅地とは、借地権など宅地の上にある権利の目的となっている宅地をいいます。典型的な例としては、ある宅地を他人に貸していて、その他人がその宅地に建物を建てているような場合です。単に駐車場や建家のない状態での資材置き場などとして他人に貸しているだけでは、一般的には貸宅地には該当しません。

借地権の目的となっている宅地の評価方法

宅地の上にある権利として一般的なのは借地権です。借地権とは、建物の所有を目的とする地上権、または土地の賃借権のことをいいます。この借地権の目的となっている宅地の価額は、次ページ図の算式で求めた金額により評価します。

①は、自用地の評価額から借地権の評価額を差し引いた額ということになります。自用地とは、その土地の所有者以外には使用する権利者がいない土地のことです。

なお、借地権の取引慣行がなく、借地権割合が明確にはわからない土地は、借地権割合を20%として計算します。自用地の価額が1億円で借地権割合が20%とすると、借地権の価額は2000万円であり、貸宅地の価額は1億円－2000万円で8000万円となります。

その他特定の目的のある貸宅地の相続税評価は？

貸宅地には定期借地権等の目的となって

貸している土地や建物の評価方法

① 貸している土地の評価方法は？

自用地としての価額－自用地としての価額×借地権割合

② 特定の目的のある貸宅地を相続した場合は？

上記①の評価額にそれぞれの目的を加味して評価する

③ 貸家建付地の評価方法は？

自用地とした場合の価額−自用地とした場合の価額×借地権割合×借家権割合×賃貸割合

いる宅地、地上権の目的となっている宅地などもあります。それらの貸宅地については、また別の評価方法が決まっています。たとえば、定期借地権等の目的となっている宅地については、原則として、その宅地の自用地としての価額から、定期借地権等の残存期間を考慮した定期借地権等の価額を控除した金額によって評価します。

貸家建付地の評価方法は？

相続において、故人の所有する土地に家を建て、その家を他の人に貸している場合（貸家建付地）の評価額は前ページの③の算式によって算出します。たとえば、自用地の評価額が1億円、借地権割合が60％、借家権割合が30％、賃貸割合が100％とすると、1億円－1億円×0・6×0・3×1で8200万円となります。

この算式の「借地権割合」は地域により異なり、「借家権割合」は一律30％です。また、「賃貸割合」は、貸家の各独立部分（構造上区分された数個の各部分）がある場合には、その各独立部分の賃貸状況に基づいて計算した割合をいいます。たとえば、アパートであれば、各部屋の床面積の合計のうち、実際に賃貸している部屋の床面積の合計の割合です。

2-07

預貯金と金融商品の評価

これまで見てきたように相続財産となる土地などの不動産には、複雑な計算を必要とするケースが少なからずあります。では預貯金や金融商品はどうなるのか？　ここではそれぞれの詳細を見ていくことにしましょう。

預金は普通預金と定期預金で利子分の対応が異なる

まずは、銀行口座にある故人の預貯金からです。普通預金の相続税評価については、原則として、相続の開始日現在の預金残高が相続税評価額となります。金融機関へ残高証明の発行を依頼し、その残高証明に記載されている残高で評価します。

なお、預金には利息があります。普通預金の利息については、普通預金そのものが多額ではない場合には、財産全体に与える影響が少ないため、相続開始日に仮に解約した場合の税引き後の利息相当額（既経過利息《きけいかりそく》）を計上しなくてもよいとされています。

そのほか、配偶者や子、孫の名義で故人が預金している「名義預金」がある場合も、実質的に故人のものと考えられる場合には相続財産に含めます。

名義預金に該当するか否かは、

①その預金の原資が誰であったか（誰のお金を預金していたか）

②その預金を管理支配していたのは誰か（自由に入出金できるのは誰か）

を総合的に勘案して判断します。なお、名義預金の評価については、普通預金と同様の扱いになります。

定期預金については、既経過利息を加えた額で評価します。普通預金と同様に、金融機関へ残高証明の発行を依頼して残高を確認しますが、その際に既経過利息の計算も金融機関に依頼することを忘れないようにしましょう。

また、近年は資金形成のため外貨預金を個人で行うことも一般的になってきました。その評価については円貨に換算する必要があります。この場合の円貨への換算は、取引していた金融機関が公表する「対顧客直物電信買相場（ＴＴＢ）」により評価します。対顧客直物電信買相場とは、顧客が外貨を円貨に変換する際の為替相場のことです。

どこに、どれだけ預金していたかを、まとめて確認するには？

故人が複数の銀行にどれだけの預金をしていたか、それぞれの銀行で個別に合算して残高を確認できますが、網羅的に調べる方法はありません。改正相続法の「仮払い制度」が銀行ごとになっているのは、そのためでもあります。

そこで、故人の預金の全体額を確認するには、故人が利用していそうな金融機関について、通帳や郵便物などからある程度、的を絞って確認するとよいでしょう。通帳だけがある金融機関の場合は、その金融機関の支店にある預金口座から網羅的に把握することができます。ただし、ゆうちょ銀行を除いて、同じ金融機関であっても支店ごとにしか口座を確認することができないのが現実です。

そこで、手許に通帳がある場合、その取引履歴に他の金融機関の口座からの送金等があれば、その金融機関に故人が口座を持っていたかどうかを確認する方法があります。

そのほか、故人に宛てた金融機関からの通知などがあれば、その金融機関に口座の有無を確認したり、自宅の近所、転居があれば前住所、勤務先などの最寄りの金融機関の支店を確認したりする必要もあります。

株式などの金融商品の評価

有価証券にも上場株式、非上場株式などさまざまなものがあります。

①上場株式

上場株式とは金融商品取引所に上場されている株式のことで、その株式が上場されている金融商品取引所が公表する課税時期（故人の亡くなった日）の最終価格によって評価します。ただし、相続開始日の時価が121ページの図に挙げている①〜③の3つの額よりも高い場合には、それらの額のうち最も低い時価のものを適用して財産の額を算出することができます。

証券会社に残高証明を依頼する際に相続税評価額の算出をお願いできる証券会社、残高証明に相続税評価額を記載して発行してもらえる証券会社もありますので、直接問い合わせてみることがおすすめです。

②非上場株式の評価

非上場株式（取引相場のない株式）は、相続で株式を取得した株主が、その株式を発行した会社の経営支配力を持っている同族株主か、それ以外の株主等かの区分により、それぞれ原則的な評価方式か特例的な評価方式の配当還元方式により評価します。詳細は省略しますが、概算としては次ページ図(2)の算式で求めることができます。

③公社債の評価

公社債とは、国や地方公共団体、会社などが一般の投資家から資金を調達するために発行する有価証券です。公社債は、銘柄ごとに券面額100円当たりの単位で評価します。概算額は額面金額で知ることができます。故人の亡くなった日に保有している公社債を解約したら、いくら手元に入ってくるのかという額が評価額です。

④投資信託の評価

投資信託は、課税時期において解約・買取り請求を行った場合に証券会社などから支払いを受けることができる価額により評価します。相続開始日の「基準価額」が目安となり、その基準価額は、証券会社のホームページなどで調べることができます。

ＭＭＦなど一部の投資信託については、相続の開始時点で仮に解約したらいくらになるのかといった解約価額で評価しますが、それ以外の投資信託は、相続開始時点の時価から、信託財産留保額を差し引いた解約価額で評価を算出します。

なお、故人の亡くなった日の基準価額がない場合には、その直近の日の基準価額をもとに計算します。

⑤ゴルフ会員権の評価

取引価格の70％に相当する額によって評価します。ただし、預託金がある場合はその金額を加えたものが評価額になります。

なお、課税時期の取引価格は、売買仲介業者のホームページなどで調べることができます。

株式の評価

(1)上場株式の場合

- 原則：相続開始日の最終価格
- 下記の額のうち最も低い額でもよい
  - ① 課税時期の月の毎日の最終価格の平均額
  - ② 課税時期の月の前月の毎日の最終価格の平均額
  - ③ 課税時期の月の前々月の毎日の最終価格の平均額

(2)非上場株式の場合

- （会社の資産 － 会社の負債）÷ 発行済株式数 × 相続財産となる株式数

2-08

ちょっと悩ましいマイカー、仮想通貨、特許などの評価

財産には多種多様なものがあります。相続税の計算においても、また相続人が相続税を納めなくてもよい範囲の遺産分割においても、その多種多様な財産の額をいったんは評価しないといけません。それは税法において規定されている財産評価基本通達にもとづいて評価されます。

財産評価基本通達は、相続はもちろん、贈与、通常の取引、担保の設定などで財産を評価することが求められる場合の基準となるものです。一方、世の中には、「評価方法に定めのない財産」もあります。そこで、土地建物・現預金・金融商品のほかの財産について、評価の基本を見ていきましょう。

マイカーなど動産の財産としての評価額は？

家具や自動車などの一般動産の評価額は、基本的には相続の開始日の時価で決まります。

なお、この場合の時価というのは、相続の開始時点で同じ程度のものを入手する（自動車であれば同じ車種、同じ年式の中古車を購入する）ために必要となる金額のことです。

同じものを相続の開始日時点で入手できない動産の場合は、相続開始時における新品の価格から、減価償却相当額を控除した価格で算出します。

書画や骨董品、貴金属などについても、一般動産と同じように相続の開始日時点の時価で評価額が決まります。ただし、書画や骨董品、貴金属については専門家の鑑定が必要です。

また、いわゆる金の延べ棒などの地金については相続開始日の取引価格で算出されます。

仮想通貨の財産評価はできない

故人がビットコインに代表される仮想通貨を保持していた場合、相続人がその電子通貨を正しく使用することができるのであれば、電子通貨はれっきとした財産として評価できることになります。しかし、財産評価基本通達にはその規定などがないので、仮想通貨は「評価方法に定めのない財産」に該当することになります。

仮想通貨の取引によって得た所得については、いくら儲かったか、そのときの所得税は？　と考えることもできますが、仮想通貨という財産そのものを評価する方法として決まったものはないのです。

なお、その他の種々のポイントやソーシャルゲームのゲーム内通貨、ゲームアカウントそのものなどについては、現実的に売買されて価値のあるものも存在します。しかし、これらは公式な売買とはいえず、この場合は財産評価できないものになるかもしれません。

評価の難しい財産

① 仮想通貨

評価方法のない財産に該当する

② カードのポイント

ソーシャルゲーム内通貨

ゲームアカウントなども財産評価方法は定まっていない（時価で考えることも可能）

年金を所得として考えるケースもある？

年金については、未支給年金を相続財産に加えるべきかどうかと考える人もいます。未支給年金とは、故人に対して支払われるはずだった年金が残っている場合に、相続人が代わりに受け取る分の年金をいい、相続人が自己申告を行わなければ受け取れません。

この未支給の国民年金は故人から受け継いだ財産ではありますが、相続人が自己の権利として請求するものとして相続税の課税対象にはなりません。ただ、年金自体にかかる所得税の課税対象にはなるため、相続人の確定申告時に一時所得として受け取った未支給年金の総額を記載する必要があります。国民年金・個人年金ともに、分割・一括での受取りにかかわらず、一時所得として課税対象となります。

では、適格退職年金は財産として評価するのでしょうか。適格退職年金とは、会社が退職金を積み立てるしくみで、生命保険会社や信託銀行などの金融機関を利用して積み立てたもののうち国税庁が承認したものを指します。外部の金融機関に積み立てるので、財産は会社のものとは別に管理されます。

社員側が実際に適格退職年金を受け取った場合には公的年金として扱われるので、雑所得となります。退職金として受け取ったものは退職所得です。ですから、その適格退職年金の相続に関しては、一般の年金や退職金と同じような扱いで評価されることになります。未支給年金は相続税の課税対象ではなく、死亡退職金の場合は「500万円×法定相続人の数」を差し引いた額が相続税の課税対象になります。

特許権、営業権など各種の権利の評価は？

特許権はその存続期間内であれば相続でき、相続税の課税対象になります。財産評価基本通達でも、特許権の評価について具体的な方法を定めています。

特許権には、特許を受けた発明を独占的に実施できる権利（実施権）があります。みずから特許発明を実施している場合の評価方法は、その実施をしている人の営業権の価額に含めて評価します。営業権の価額はその事業の超過収益をもとに算定しますが、超過収益には特許発明の実施による収益も含まれていると考えられます。

参考までに、その営業権の評価方法を紹介します。営業権の価額は、

・超過利益金額×営業権の持続年数（原則10年）に応ずる基準年利率による複利年金現価率

で計算します（基準年利率、複利年金原価率については国税庁が発表する個別通達で確認します）。超過利益金額は、

・平均利益金額×0・5−標準企業者報酬額−総資産価額×0・05

で算出します。平均利益金額は過去3年間の平均所得とし、将来の不確実性を見込んで0・5倍します。標準企業者報酬額は、平均利益金額が1億円以下の場合は「平均利益金額×0・3＋1000万円」など、財産評価基本通達に規定されています。

純資産価額の0・05倍の額を差し引くのは、資産の運用利回りによる利益を除くためです。これらの金額から求めた超過利益金額から複利の金利にあたる額を割り引いた額が営業権の価額ということです。

なお、医師や弁護士などのように、その人の技術や手腕または才能などを主とする事業に関連する営業権は、その人の亡くなることにより消滅するものです。そのため、相続税法上の財産としては評価しません。

PART 3

争族にしないための遺産分割を理解しよう

3-01

遺産分割で揉めると節税策が打てなくなる！

相続税にかかわらず、節税対策には事前の準備に十分な時間が必要です。相続税の節税のために、土地や家屋などの不動産を活かしたり、生前贈与を行ったりするなら、それこそ年単位での事前準備が有効となってきます。

よく節税の方策として話題にのぼる小規模宅地等の特例の活用も、知識としては理解していても、実際にすぐ実行できるものではありません。

節税したいなら、事前の準備を‼

そもそも遺産分割協議の段階で揉めているようでは、各相続人が納得するかたちで相続税額を確定させることはむずかしいことが予想されます。ましてや、申告・納付の期限が迫ってくるなかでは、付け焼き刃的な節税策すら打てなくなってしまいます。

そうならないためにも、生前から、相続が発生したあとのことについて家族で話し合っておきたいものです。そうすれば、時間にゆとりを持って遺産分割協議と、相続手続きを進めることができますし、生前に話し合っておくことで、財産を残す本人も、自分の気持ちなどをあらかじめ家族に伝えることができます。また、財産を承継する側がいまの生活状況や自分の要望などを伝えておくこともできます。

相続において揉めごとが起こる要因としては、単純に相続人の欲が先行してしまうことが挙げられますが、実はそれよりも相続人間の誤解や疑心暗鬼が〝争族〟を招いてしまうことのほうが多いといえます。そのような争いの芽を、故人の生前の話し合いにより摘んでおくことで、不必要な争いが起こらないようにすべきでしょう。

生前の話し合いの際に、その内容をメモなどに残しておくことも有用です。そうすれば、そのメモに法的な効果があるかどうかは別にして、いざ相続となったときに意見が食い違っても、「話し合いではこういう結論だったよね」と説得のための一材料として示すこともできます。そして何より、生前の話し合いを経て自分の意向や相続人への希望を踏まえた内容の遺言書を作成しておくのが、不必要な争いを起こさないために最も有効な手段といえます。

3-02

遺産分割には3つの方法がある

相続が発生すると、その瞬間に、故人の財産は法定相続人の間で共有された状態になります。この遺産分割前における共有状態を「遺産共有」といいます。遺産分割という手続きは、この遺産共有という状態を解消し、財産をそれぞれの相続人に具体的に承継させることです。また、そのためには、相続人全員で遺産分割協議を成立させることが必要です。

もちろん故人の財産を遺産共有のままとしておくことも可能です。しかし、遺産共有の状態のままとしておくと、遺産共有している相続人が亡くなった場合にその相続人が遺産共有者となり、遺産分割協議の当事者となります。つまり、何世代も遺産を共有状態のままにしておくと、相続人の数が増えることになり、相続関係を複雑にし、遺産分割協議の成立を困難にしてしまいます。ですから、相続が発生したときは早めに遺産分割協議を成立させ、遺産共有状態を解消しておくことが賢明な行為だといえるでしょう。

3つの分割方法を組み合わせて活用する

遺産分割には次のように3つの種類・方法があります。どれか1つを選択したら、他の方法は選択できないといった類のものではありません。また、争いのない遺産を先行して分割することもできますので、3つをうまく組み合わせながら、相続人全員が納得できる分割内容にしていくことが重要なポイントともいえるでしょう。

①そのまま現物で分割する「現物分割」

現物分割は相続する財産を、性質や形状を変えずにそのまま分割する方法です。現金の分割はこの方法が最適です。しかし、現金以外の場合には、公平に分割することがむずかしいケースもあります。もっとも、不動産の相続の場合には分筆《ぶんぴつ》（登記簿上で一筆の土地を分割すること）によって分割しやすくできます。また、「家は配偶者、自動車は長男、銀行預金は長女」など金額に換算したときに公平感があるように現物をそのまま分配するという分割の方法もあります。

②お金に換えて分割する「換価分割」

換価分割は、相続する故人の財産を売却し、その売却額を分け合うという方法です。これは不動産を分割する際によく行われます。

デメリットは、早急に売却ができるメドを立てなくてはならない点です。売却することがなかなかむずかしい財産では、不向きな分割方法といえます。

また、売却の時期によっては財産の価値が目減りし、想定していたより低い金額になってしまうケースもあります。そのほか、売却した際の売却益に所得税が課され、また、売却額からは一定の費用控除がされて資産価値が目減りする点もデメリットといえます。

③財産を相続した相続人が他の相続人に金銭などを渡す「代償分割」

代償分割は、相続の際に他の相続人よりも多くの財産を相続した相続人が、他の相続人に金銭などを渡すことで、相続人間の公平を図ろうという分割方法です。

たとえば、不動産を1人の相続人が取得し、他の相続人には公平になるようにお金を渡す方法が一般的です。引き続き不動産を利用したい場合のほか、売却による資産価値の目減りを避けたい場合に適した方法といえます。

なお、代償分割は、財産を多く相続する人（代償する相続人）に、代償できるだけの支払い能力がないと、実際には選択することがむずかしいといえます。

3つの遺産分割方法

① 現物分割：財産そのものを分割

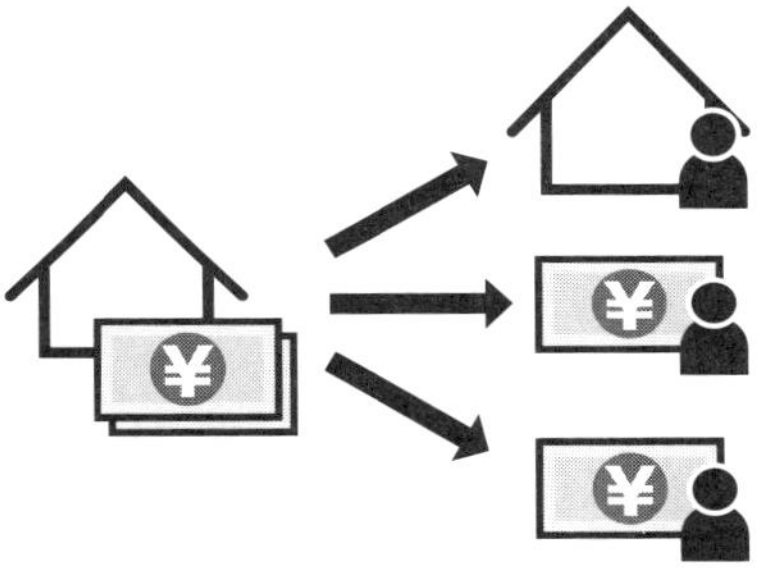

② 換価分割：財産をお金に換えて分割

③ 代償分割：財産をもらった人が他の相続人にお金を渡す

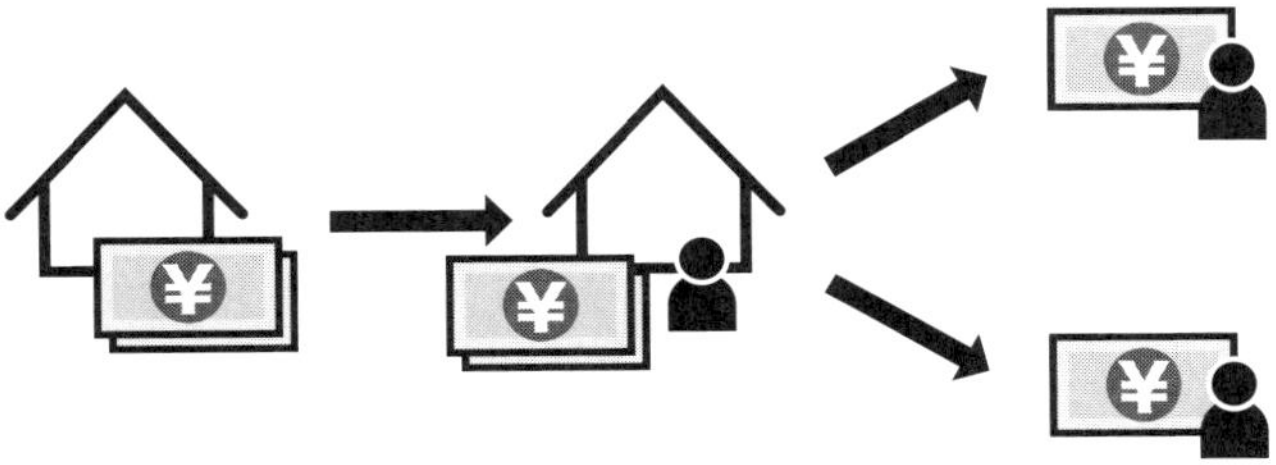

改正

3-03

配偶者には特別な配慮がなされている

17ページもあわせて参照

故人に配偶者と子がいる場合、その配偶者の法定相続分は故人の財産の2分の1です。また相続税法では配偶者の税額軽減措置の適用を受ければ、配偶者の法定相続分もしくは1億6000万円のいずれか多い金額まで相続税はかかりません。

「故人の配偶者には相続税がかからない」といわれるのは、配偶者が取得する相続財産の額が、この配偶者の税額軽減措置の範囲に収まることが多いからです。

改正相続法により、配偶者の短期居住権が保障される

しかし、相続税がかからない場合でも、配偶者以外の相続人がそれぞれの法定相続分の財産を取得するためには、故人と一緒に住んでいた家を手放さなくてはならないケースも起こ

り得ます。そのような場合でも、前述のように相続法の改正によって故人の配偶者には短期居住権が保障され、相続が開始してから最低6か月間は、故人と一緒に住んでいた家に引き続き無償で住み続けることが可能になりました。

長年連れ添った夫婦間の贈与の特例も

そのほか、夫婦の間で居住用の不動産を贈与したときの配偶者控除という贈与税の特例もあります。相続法では改正により婚姻期間が20年以上の夫婦間での住宅の贈与は特別受益の対象外となりましたが、それは、この贈与税の特例を背景として生まれ

配偶者への配慮

① 配偶者の税額軽減措置

② 配偶者居住権の創設

③ 20年以上夫婦であった場合、住宅の生前贈与は2,000万円まで贈与税がかからない

④ 婚姻期間が20年以上の夫婦間での住宅の生前贈与は特別受益の対象外

たものです。

婚姻期間が20年以上の夫婦の間で、居住用不動産または居住用不動産を取得するための金銭の贈与が行われた場合は、贈与税について、基礎控除110万円のほかに最高2000万円まで控除（配偶者控除）ができるという特例です。この特例を受ける場合は、その贈与を受けた年の翌年3月15日までに、贈与により取得した居住用不動産に、贈与を受けた人（配偶者）が現実に住み、その後も引き続き住む見込みであることが条件です。

では、贈与した年に贈与した人（贈与者）が亡くなった場合に、この配偶者控除の適用はどうなるのでしょうか。

まず、相続開始の年に故人から財産の贈与を受けていた場合には、相続財産となるため贈与税はかかりません。そのとき、相続開始の年に婚姻期間が20年以上である故人から配偶者が居住用不動産の贈与を受けていた場合は、贈与税の配偶者控除があるものとして、控除される部分については相続財産として加算されず、相続税の対象とはなりません。

ただし、この加算しない部分については、その翌年の3月15日までに贈与税の申告をする必要があります。

3-04 改正

遺言を作成する場合は遺留分への配慮も忘れずに！

48ページもあわせて参照

遺留分とは、巻頭特集でも取り上げたように、故人の兄弟姉妹以外の相続人に対して留保された相続財産のうちの一定の割合のことです。これは、遺言書に何が書いてあっても、覆すことはできません。たとえば、遺言書に「私の財産は、○○にすべて相続させる」と書いてあったとしても、遺留分の権利がある相続人は、その権利を行使することにより一定の財産を相続することができます。

この遺留分の権利（遺留分権）は配偶者と第1順位、第2順位の法定相続人が持っています。その割合は、直系尊属のみが相続人になる場合は本来の法定相続分の3分の1、それ以外のケースでは本来の法定相続分の2分の1です。遺言を作成するにあたっては、その遺留分への配慮を忘れないようにしましょう。

遺留分を金銭で請求でき、事業承継もスムーズに

遺言を作成するにあたり遺留分に対する配慮がないと、相続発生後に紛争が生じる可能性が高まります。たとえば、故人がA、Bという2人の子どものうち「Aにすべての財産を相続させる」と遺言を残した場合が典型例です。

この場合、相続財産をまったく取得することができなかったBは、B自身の遺留分割合である4分の1（遺留分割合2分の1×法定相続分2分の1）が侵害されていることになるため、Aに対し、その回復を求めることができます。

この権利を改正前は遺留分減殺請求権といっていましたが、改正後は、遺留分侵害額請求権と呼ばれるようになりました。

遺留分侵害額請求は、遺留分を侵害されている相続人から侵害している相続人に対し、一方的な意思表示によって行います。その方法については、法律で特別な形式が定められているわけではありませんが、事後の紛争を防止するという観点から、念のため内容証明郵便で送っておくのが無難でしょう。

そして、改正前は遺留分権の行使により、他の相続人がすでに相続していた財産について遺留分を侵害する限度で当然に共有となるのが原則でした。そのため、複雑な権利関係を招き、共有関係の解消をめぐってさらに紛争化してしまっているのが実情でした。

そこで改正相続法では、遺留分権の行使により、遺留分を侵害されている相続人から侵害している相続人に対し、単に侵害額に応じた金銭請求をできることとして、複雑な共有関係が発生しないように立法的に手当てしました。

この遺留分権の金銭債権化により、たとえば土地建物や自社株がある場合に、遺留分権が行使されても共有とならずに済むようになったため、故人の意向に沿った事業承継を実現しやすくなったといえます。

3-05

遺言書には3つの「効力」がある

相続において遺言書があれば、まず遺言書を優先します。遺言書は故人が築いてきた財産の分配を示すものであり、故人の最終意思そのものといってもよいでしょう。だからこそ、遺言書が最も大きな力を持っているのです。

しかし、すべての相続が遺言書どおりに進むとは限りません。遺言書を作成した時期によっては遺言書に記載のない財産が大きなウエートを占める状態になっていたり、遺言書に記載のある財産が誰かの手に渡っていたり、巻頭特集でも示したように自筆証書遺言では、記載モレやミスもあり得ます。

さらに債務があるような場合、その扱いを明確に記載していないケースもあり得ます。ですから、まず、遺言書にはどのような「効力」が認められているかを理解しておくことが大切です。

遺言書では、「財産の分け方」を指定できる

遺言書の効力は3つに大別できます。1つ目の効力は、財産の分け方の指定ができるということです。また、その指定については、遺産分割方法の指定、相続分の指定、財産の遺贈先の指定などがあります。

①遺産分割方法の指定

遺産分割方法の指定については、どの財産を、誰に、どのくらい相続させるかを決めることができます。財産を1つずつ挙げていき、それを誰に相続させるかを指定するということになります。

分割することだけでなく、「財産の全部、あるいは一部の分割を禁止する」というスタイルでいわば分割させない指定をすることも可能です。たとえば家族経営している事業所で、すぐに株を分割せず、しばらく共有財産の状態で営業してもらいたいといった場合などのケースに用いられます。

また、遺産の分割の禁止は、相続の開始日から5年以内の期間で可能です。

②相続分の指定

相続分の指定は、誰に、相続財産をどれだけ相続させるかという割合を指定することです。

この相続分の指定は、財産を誰に渡すかを指定する「遺産分割方法の指定」とは異なります。これは「財産の何割を誰に相続させるか」という、財産の配分割合を指定することです。

③財産の遺贈先の指定

最後に財産の遺贈先の指定についてです。遺贈とは、相続人以外の人も含めて特定の財産を渡すことで、相手の承諾を要しない点などが贈与とは異なります。原則的には、財産は法定相続人に相続されるので

遺言書でできる主なこと

① 財産の分け方の指定
- 遺産分割方法の指定
- 相続分の指定
- 遺贈先の指定

② 廃除する相続人の指定
- 非嫡出子の認知も可能

③ 遺言執行者、未成年後見人の指定

すが、遺贈という方法を用いれば、相続人以外の人に財産を渡すことが可能です。

遺言書で、相続人の廃除や認知もできる

2つ目の効力は、相続人の廃除や認知ができるということです。具体的には廃除する相続人を指定できるほか、非嫡出子の認知もできます。

相続人の廃除とは、財産を渡したくない相続人がいる場合、その人物を名指しして相続の権利を剥奪することです。ただし、相続人の廃除は「生前、自分に対してひどい虐待や侮辱行為を行っていた」「著しい非行があった」など、民法に定められている廃除事由に該当した場合にのみ認められます。

非嫡出子の認知とは、故人にいわゆる隠し子がいた際に、その子を法定相続人に加えることができるというものです。

原則として法定相続人は婚姻関係にあった配偶者との間に生まれた子のみで、婚姻関係がない配偶者との間に生まれた子は、認知がない場合は法定相続人になることができません。ただし、遺言書によって認知すれば、法定相続人に加えることができるのです。

遺言執行者・未成年後見人の指定ができる

３つ目の効力は遺言内容の実現に関わる協力者や、未成年者の財産管理に関わる法定代理人の指定ができることです。実際の相続ではさまざまな手続きが必要ですが、その相続手続きを行ってくれる遺言執行者を指定できるわけです。

また、遺言者が亡くなって親権者がいなくなり、未成年の子が相続人となるような場合には、その財産管理などを任せる、未成年後見人を指定することも可能です。

改正

3-06

自筆証書遺言の書き方と保管のしかた

41、45ページもあわせて参照

遺言書には、自筆証書遺言、公正証書遺言、秘密証書遺言など、遺言書の作成方法や保管方法によって、いくつかの種類があります。ただし、記載すべき内容は前項の遺言書の効力を踏まえて〝正確にまとめる〟ことに変わりはありません。

遺言書のうち自筆証書遺言は、文字どおり「遺言者が自分の手で書き、筆跡を残して自分が書いたことを証明する遺言」です。遺言者としては正しく書くことが何より大切であり、相続人としては正しく書かれているかを確認し、遺志として尊重することが重要です。

内容も大事だが、日付も忘れずに

自筆証書遺言、公正証書遺言、秘密証書遺言、どの種類の遺言でも、遺言書では、次のようなことが重要になってきます。

- **本体が「遺言書」であることを明確に示すこと**
- **公正証書遺言は公証人が作成するが、いずれの場合も遺言者自身が遺言すること**
- **誰に、どの財産を、どの程度渡すかについて正確に記載すること**

財産については、相続人ごとに相続させる財産の詳細について書いていきます。不動産であれば、土地と建物はそれぞれ別々に明記し、所在は不動産登記簿の記載どおりに表記して、相続人ごとの相続割合などを記載します。

預金なら銀行名・支店名、普通預金や定期預金の種別を記載するとともに、口座内の預金の全額か一部なのか、それぞれの相続人が相続する額（割合）を記載します。

また、財産を法定相続人以外の人に遺贈する場合には、遺贈する根拠・理由も遺言書の最後に「付言事項」として書き添えておくと、相続人の納得を得やすくなるでしょう。

遺言執行者には故人の配偶者や信頼できる子などを選んで記載しておくことが多いのですが、その記載があると、実際の相続手続きなどで責任の押しつけ合いになることも少なくなります。また、遺言執行者に信頼のおける税理士や弁護士などの指定があれば、その専門家を中心に実際の相続手続きを行っていくことになります。

遺言書見本と留意点

遺言書

遺言者○○○○は、次のとおり遺言する。

第 1 条　遺言者は、遺言者の所有する下記の不動産を、妻田中○○（昭和○○年○月○○日生）に相続させる。

1　土地
所　　在　東京都○○区○○町○○丁目
地　　番　○○番○○
地　　目　○○
地　　積　○○㎡

2　建物
所　　在　東京都○○区○○町○○丁目
家屋番号　○○番○○
種　　類　○○
構　　造　○○○○
床 面 積　○○㎡

土地や建物については、所在、地番、家屋番号を正確に

第 2 条　遺言者は、遺言者の有する次の預金を、長女○○○○（昭和○○年○月○○日生）に相続させる。

1　○○銀行○○支店の遺言者名義の普通預金のすべて
2　○○銀行○○支店の遺言者名義の定期預金のすべて

第 3 条　遺言者は、第1条及び第2条に記載の財産を除く遺言者の有する一切の財産を、長男○○○○（昭和○○年○月○○日生）に相続させる。

記載されていない財産の相続も明記

平成○○年○月○日

東京都○○区○○町○丁目○番地○○号
遺言者　　　田中××　㊞

忘れてはいけないのが日付と署名・押印です。自筆証書遺言では、故人が何回も書き直したりしたような場合、複数の遺言書が見つかることがまれにあります。その場合には、日付が最も新しいものが有効とされます。なお、この日付は「△月吉日」などと特定できない記載は無効です。押印については、署名とともに自分で押印します。

保管は法務局が行ってくれる

新たに制定された「法務局における遺言書の保管等に関する法律（遺言書保管法）」により、自筆証書遺言の保管については、法務局が行ってくれるようになります。ただし、その内容について法務局がお墨付きを与えたわけではない点には留意すべきです。また、自筆証書遺言の中身を見る場合には検認という手続きが必要でしたが、法務局に保管されている場合はそれも不要になります。その点に関しては、巻頭特集を参考にしてください。

そのほか自筆証書遺言についてはすべて自筆で手書きすることが要件でしたが、遺言書に財産目録を添付する場合、その財産目録についてはパソコンなどで作成したものでもよいとされました。ただし、財産目録が複数枚にわたる場合はそれぞれに署名・押印が必要です。

3-07 公正証書遺言と秘密証書遺言の注意点

遺言書のなかでも自筆証書遺言は、遺言者本人が字を書ける状況であれば、いつでも、どこでも作成できるという手軽さがあります。

しかし、法的に有効な遺言書かは別の話で、無効にならないためにはさまざまな注意点があります。そこで、法的に無効となりにくい遺言書を作成する手だてが必要となります。それが、公正証書遺言です。

公正証書遺言は公証人が作成するため、無効になりにくい

公正証書遺言は、次のような自筆証書遺言の欠点を十分に補ってくれる遺言です。

- **本当に故人本人の意思にもとづく遺言なのかを確かめようがない**

・相続が発生した時点では遺言書が見つからなかった
・先に遺言書を見つけた人が、内容を改ざんしてしまった

公正証書遺言は、本人が遺言の内容を公証人に伝え、それを遺言書という書面にします。その作成時には、公証人に加えて2人の証人が同席します。これらの人には守秘義務があり、遺言書の内容が外部に漏れることはありません。

このように作成された遺言書の原本は、公証役場にて保管されます。もちろん本人の意思で作成したことは、公証人が保証してくれます。

自筆証書遺言と比べると、作成に関して

3つの遺言書のメリット・デメリット

① 自筆証書遺言
自由に書けるが、形式的な不備や紛失などが心配

② 公正証書遺言
形式的な不備や紛失などの心配はないが、自分で書き換えたりできない

③ 秘密証書遺言
遺言の内容を秘密にできるが、記入モレや紛失などのリスクがある

一定の費用はかかりますが、相続発生時までの保管が確実であり、偽造の心配もなく、より確実に故人の最終意思を伝えられる遺言書といえます。さらに家庭裁判所の検認手続きが不要のため、すぐに相続手続きを開始できるというメリットもあります。

ただし、自筆証書遺言のように本人が自由に書き換えたり、破って捨てたりといったことはできません。その場合は新たに公正証書遺言を作成し直すか、遺言の撤回をすることになります。

なお、公正証書遺言を作成する際には、相続時にトラブルが起きづらいような記述で作成できるように公証人がアドバイスをしてくれることもあります。そのアドバイスというのは、「内容をこう変更したほうがいい」というものではなく、あくまでも「その内容であれば、こういう記述にしたほうがいい」というアドバイスです。

誰にも知られたくないときは、秘密証書遺言

秘密証書遺言は相続発生時まで内容を秘密にできる遺言です。公正証書遺言の作成時には、公証人に加えて2人の証人が同席することになりますが、なかには、遺言書については

相続発生時まで一切秘密にしたいという人もいます。そのような人が書く遺言書が、秘密証書遺言です。

秘密証書遺言は、内容そのものを遺言者本人が書き、その封印も本人が行います。

そのデメリットは、遺言書の内容を公証人も把握していないので、公証人からアドバイスを受けることができないことです。そのため、記入モレなどによる不備がないように注意しなくてはいけません。

なお、自筆証書遺言と異なり、パソコンで作成することや他の人に代筆してもらうことも可能となっていますが、署名・押印は遺言者本人が行う必要があります。また保管は本人が行うことになり、開封にあたっては、家庭裁判所の検認手続きが必要です。

3-08

不備は争族のモト
自筆証書遺言のチェックポイント

遺言書の不備は、遺産分割時のトラブルや争族の原因となることが少なくありません。とくに自筆証書遺言では不備に注意したいものです。

せっかく作成した遺言書が無効になってしまうことがないように、形式や内容には細心の注意を払いましょう。

形式的な不備や内容的な不備が発生しやすいポイント

自筆証書遺言の場合に注意しなければならないのは、法律で定められた形式に沿って作成できているかどうかです。

遺言者自身が作成することが大前提ですが、前述のように、「遺言書であることを明確に

自筆証書遺言でチェックしておきたい主なポイント

- □ 表題は「遺言書」と表記してあるか
- □ 財産目録以外はすべて自筆で書いているか（改正点）
- □ 遺言者の氏名がきちんと書いてあるか
- □ 押印してあるか
- □ 日付が正しく書いてあるか
- □ 不動産の表記は登記簿謄本どおり書いてあるか
- □ 預貯金は金融機関名・支店名、普通預金や定期預金などの種別、口座番号が正確に書いてあるか
- □ 財産のモレがないように書いてあるか
- □ 財産目録の全ページに署名・押印がしてあるか（改正点）
- □ 封筒に遺言者の氏名が書いてあるか
- □ 封筒に入れて封印してあるか

示しているか」「誰に、どの財産を、どの程度渡すかについて正確に記載すること」にも留意します。

練りに練って作成した遺言書でも、表題が「親愛なる家族へ」など遺言書とは判別できかねる表題だと、相続人はどう取り扱ってよいか意見が分かれる可能性があります。「長女に自宅を、長男に別荘を、現金預金は二女に」と書いてあるだけでも同様です。形式上の不備や内容に不備があれば、法的な効力を得られません。

前述のとおり、遺言書で忘れがちなのは日付を書くことや押印することです。なお、加入・削除・訂正も厳格なルールに従ったものでないと変更がなされなかったものとして扱われますので、注意が必要です。

また、不動産の表記も要注意ポイントです。不動産の場所を示すものには、一般的に使われている住居表示と、不動産登記簿に記されている地番の2種類があります。遺言書は、相続登記（不動産の名義変更）の添付書類としても使用しますが、不動産登記簿上の正式な地番が使われていないと、相続登記の際に使用できないという問題が起こり得ます。

日常生活で使うのは住居表示ですが、不動産の権利証や固定資産税の納税通知書などでは、正式な地番が記されています。どちらも同じ場所ですが、不動産を特定する場合には地番が利用されますので、遺言書上でも必ず地番を調べて記入する必要があります。

自筆証書遺言でチェックしておくべきポイントを前ページにまとめていますので参考にしてください。故人の遺言書を相続人が確認する場合も、これらの事項をチェックし、法的に効力のある遺言書と確認できれば、安心して相続手続きが行えるはずです。

遺言書に記載のない財産があった場合は？

遺言書に記載のある財産については、遺言書で指定されたとおりに相続します。ところが、遺言書に記載されていない財産が見つかった場合は、どうしたらよいでしょうか。その場合、その遺言書そのものが無効になるわけではなく、記載されていない財産の分け方を遺産分割協議で決めます。

記載モレのあった財産があると、そこで相続人同士の考え方の違いなどによりトラブルが生じることもあり得ます。

そのようなトラブルを避けるために、遺言者は、「遺言書に記載されていない財産については、配偶者に相続させる」といった一文を入れておくとよいでしょう。こうした一文を加えておけば、財産を網羅できていない場合の無用な争いを避ける効果があります。

3-09

遺言書の代わりに信託を活用する際のポイント

自分の財産のうち、①どの財産を②誰に引き継いでもらうか、を決める場合、一般的には遺言書を作成します。しかし、信託契約によって遺言書と同様の効果を得ることができます。

信託契約とは自分（委託者＝「財産を預ける人」）の財産を受託者（財産を預かる人）に預けて、あらかじめ定めた目的に沿って、受益者（信託によって利益を受ける人）のために、管理・運用・処分してもらう契約です。「信じて、託す」ことから〝信託〟と呼ばれます。この信託契約によって遺言書と同様の機能を持たせたものを「遺言代用信託」といいます。

遺言書と遺言代用信託との違い

では、遺言書と遺言代用信託にはどのような違いがあるのでしょうか。まず、遺言は本人

信託の基本概念

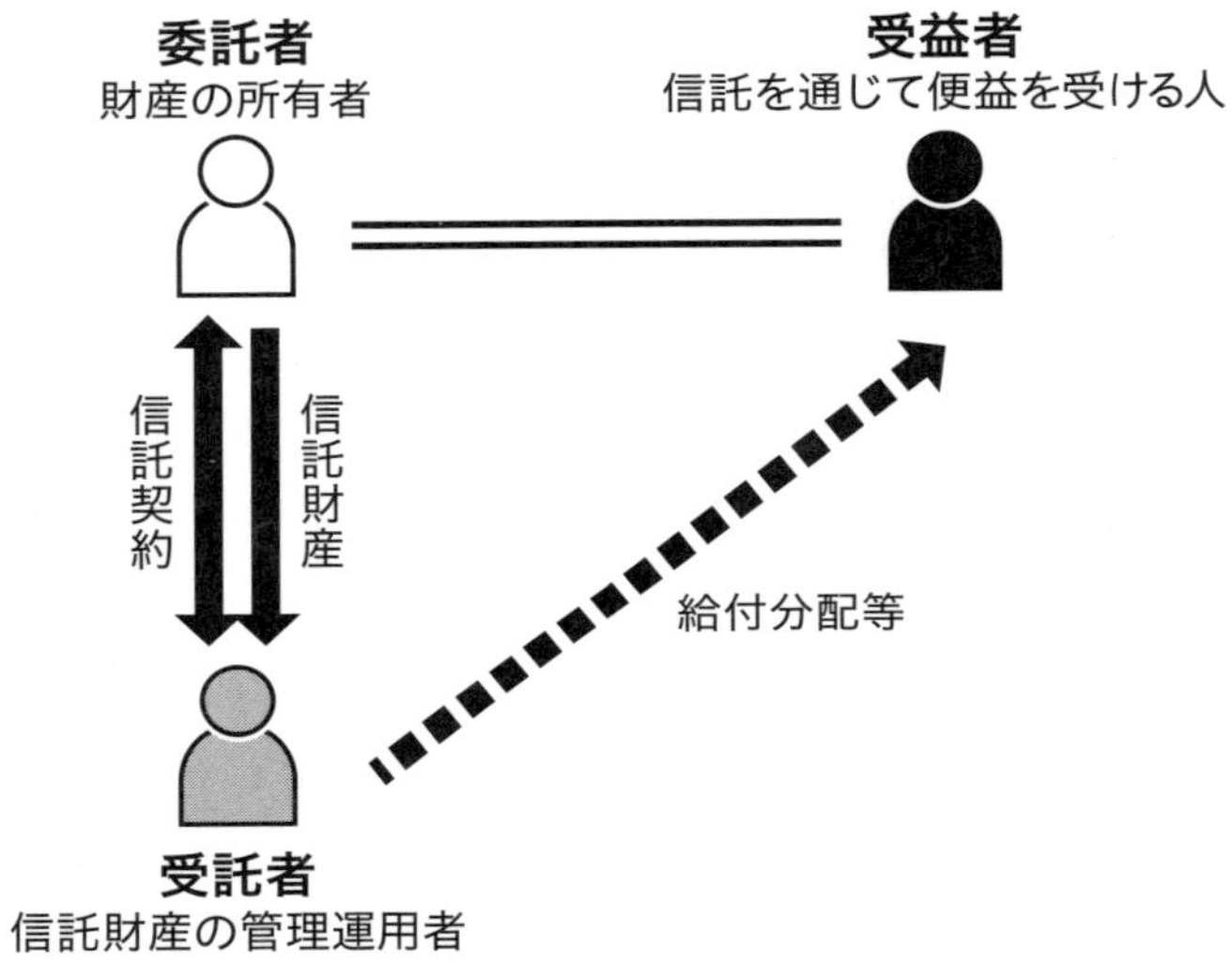

（遺言者）が一人で行います（法律用語でこれを「単独行為」といいます）。一人で作成したものですので、本人（遺言者）の意思で、いつでもその内容を変更することも可能ですし、遺言そのものをやめてしまうことも可能です。

一方、（遺言代用）信託は、委託者と受託者の契約ですので、一人で内容を変更したり、契約を破棄することはできません。

次に、遺言書では、自分の財産を誰に引き継いでもらうのか、自分の次の代までしか定めることができません。「一代限り」しか対処できないのです。これに対して、遺言代用信託では、自分の次に財産を引き継いでもらう人だけではなく、次の次、契約の内容次第では、もっと先の世代まで、財産を引き継いでもらう人を定めることができます。つまり、「先祖代々」の対処が可能なのです（「受益者連続型信託」といいます）。

たとえば、自分が亡くなったときには妻に、妻が亡くなったときには長男に、長男が亡くなったときには長男の子（委託者にとっての孫）に、財産を引き継いでもらうことをあらかじめ契約に定めることができるのです。

このような定めをすることで、複数の世代にわたって、代々財産を引き継いでもらうことが可能となりますので、とくに安定した事業を営む個人事業主や中小企業のオーナー社長にとっては有効な対策といえます。

遺言代用信託のメリットについては、次ページに図としてまとめてありますので、参考にしてください。

遺言代用信託の効果

遺言だと、遺言書が作成されたあとに、遺言者が単独で内容を書き換えたり、遺言そのものを取りやめることが可能だが、遺言代用信託ではこれを防止することができる

内容の変更を防止できる

遺言書は、民法で定められた様式に従って作成する必要があり、この様式を満たしていない遺言は無効となる。そのため、自筆証書遺言では、遺言自体が無効となってしまうリスクがある。一方、遺言代用信託は契約なので、内容を柔軟に定めることができる

遺言が無効になるリスクを妨げる

自筆証書遺言の場合、遺言書を用いて故人の銀行口座を解約したり、不動産の名義変更を行う場合、家庭裁判所の検認手続きをとる必要があり、約１か月の時間を要する。しかし、遺言代用信託では、故人が亡くなってすぐに、その内容を実現することができる

故人が亡くなってすぐに対応できる

3-10

遺言書の準備は元気なうちからやっておく！

高齢者であればあるほど、遺言書は自分が元気なうちに作成しておきましょう。きちんとした遺言書があれば、相続における多くのトラブルを事前に防ぐことができるといっても過言ではありません。

高齢者にとっては、「自分が死んだときの話なんて……」とつい避けてしまいたくなる気持ちも理解できます。しかし、財産を残す人の気持ちや考えが伝わっていないと、必ずといっていいほど相続人の間に〝不協和音〟が生じます。そうならないためにも、「誰にどの財産を相続させるか」という考えを、自分が元気なうちに遺言書に残しておくべきです。

遺言書は、故人の最終の意思を記載するものですから、考えが変わったら、何度書き換えてもかまいません。遺言書を書くたびに前の遺言は撤回すると書いてもいいですし、撤回すると書かなくても、最新の遺言書の記載と矛盾する部分があれば、その部分に限り、過去の遺言書は撤回されたものと扱われます。考えが変わったら、何度でも遺言書は書き換えたほうがよいでしょう。

認知症になったら生前対策はできない⁉

65歳以上の認知症高齢者数と有病率の将来推計について見ると、２０１２年は認知症高齢者数が４６２万人で、65歳以上の高齢者の約7人に1人でした。ところが、２０２５年には約5人に1人になるとの推計もあります（厚生労働省『２０１7年版 高齢社会白書（概要版）』より）。

このデータに見るように、認知症は、多くの高齢者がかかる病気・症状なのです。認知症になってしまったら、遺言書の作成や財産のたな卸、生前贈与といった行為に支障をきたすことがあります。もちろん、遺産分割の生前の話し合いに満足に加わることができないかもしれません。平均寿命は延びているといっても、その当人には判断能力がなくなってしまうので、事実上、相続の生前対策がむずかしくなってしまうのです。

十分な話し合いができないのは、本人にとっても家族にとってもつらいもの。ぜひ、自分

65歳以上の認知症患者の推定

(各年齢層の認知症有病率が2012年以降、上昇すると仮定した場合)

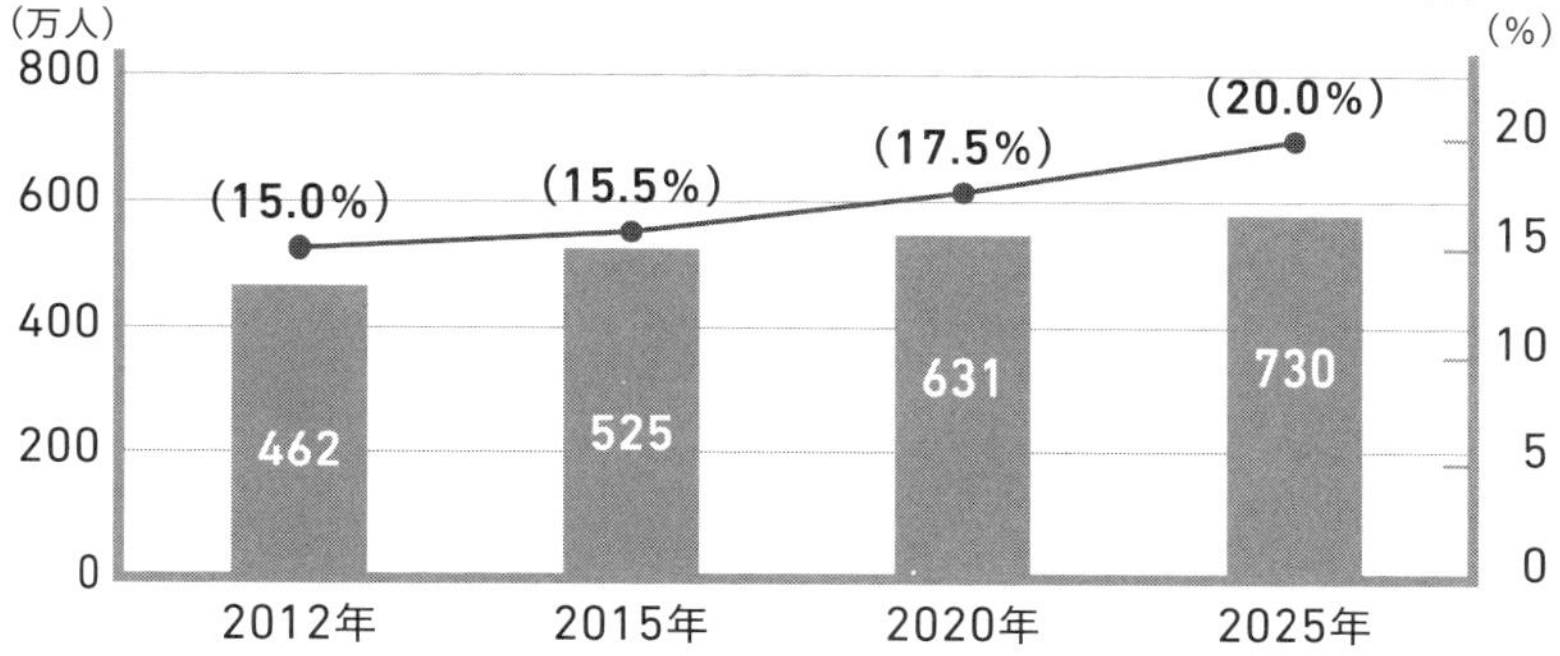

※( )内は認知症有病率、『2017年版高齢社会白書・概要版』より

の〝老い支度〟の一環として、元気なうちに遺産についての話し合いをしてみてください。

「認知症になってしまったら、成年後見制度を利用すればいいじゃないか」

そう考える人もいるでしょう。しかし、成年後見制度は家庭裁判所に任命された後見人が本人に代わって財産の管理や保全をすることを目的としています。すなわち、財産を維持することに主眼が置かれています。

そのため、不動産の有効活用を考えたり、生前贈与を活用したり、前述の信託契約の活用などについては、有効な対策をとることがむずかしくなります。

それによって多額の相続税の納税負担を強いられるようなことにでもなれば、損な選択をしてしまうことになってしまいます。

認知症になる前に、親として遺産分割の方針を決める

遺産分割において揉めるモトは何か。それは、高齢者となった親が遺産分割の方針をしっかりと決めておかないことにあります。実際には、細かな分割の方法・指定などについてはすぐに結論を出せないかもしれません。それでも、

「私が死んだときは、すべての財産をお金に換え、そのお金を法定相続分で分配してほしい」
「すでに亡くなった二男には子が1人いるので、その子には十分配慮してあげてほしい」
「自宅は居住用として、夫が住み続けられるようにしたい」
「長女には看護や介護、また仕事でもずいぶん苦労をかけたから、多めに財産を渡したい」
「長男の嫁も介護などで苦労をかけたから、法定相続人ではないけれども預金から一定のお金を渡したい」

など、「こうしたい」という意思表示を明確にしておくと、残された相続人としても遺産分割協議を進めやすいものです。亡き親の遺志であれば、たいがいの子は尊重するもの。そうすれば、遺産分割をめぐる紛争も少しは減るかもしれません。

PART 4

相続税対策では生前贈与を有効に活用しよう

4-01

節税に年間110万円の贈与税の非課税枠を利用する

相続が発生してから相続人が相続税対策をとりたいと思っても、相続が発生してから10か月のうちに相続税の申告・納付を行わなければならないこともあり、どうしても打ち手は限られてしまいます。

そこで、「相続が発生したら、相続税の負担は避けられない」という状況の財産を持っている人は、早めの生前対策をおすすめします。

生前対策の王道は、計画的に子や孫などに贈与して、生前に相続財産を減らしておくこと。まずは、年間110万円の非課税枠を有効活用することから始めてみましょう。

「次代に財産を活かす」という気持ちが大切

相続税は贈与税に比べると税率が低く、基礎控除額も「3000万円＋600万円×法定相続人の数」と、大きく設定されています。しかし、その大きな基礎控除を使えるシーンは1人の相続につき1度。しかも、相続を受けることができる一親等と一親等の代襲相続人以外の人が相続や遺贈を受ける場合は、相続税額の計算上、受ける人の相続税額に税額の2割相当の額が上乗せされます（相続税の2割加算と呼ばれている）。

しかし贈与では、相続よりも高い税率ですが、年間に110万円までの基礎控除があります（暦年贈与の場合）。これは「贈与する人（贈与者）」が年間110万円ま

暦年贈与の基礎控除の活用法

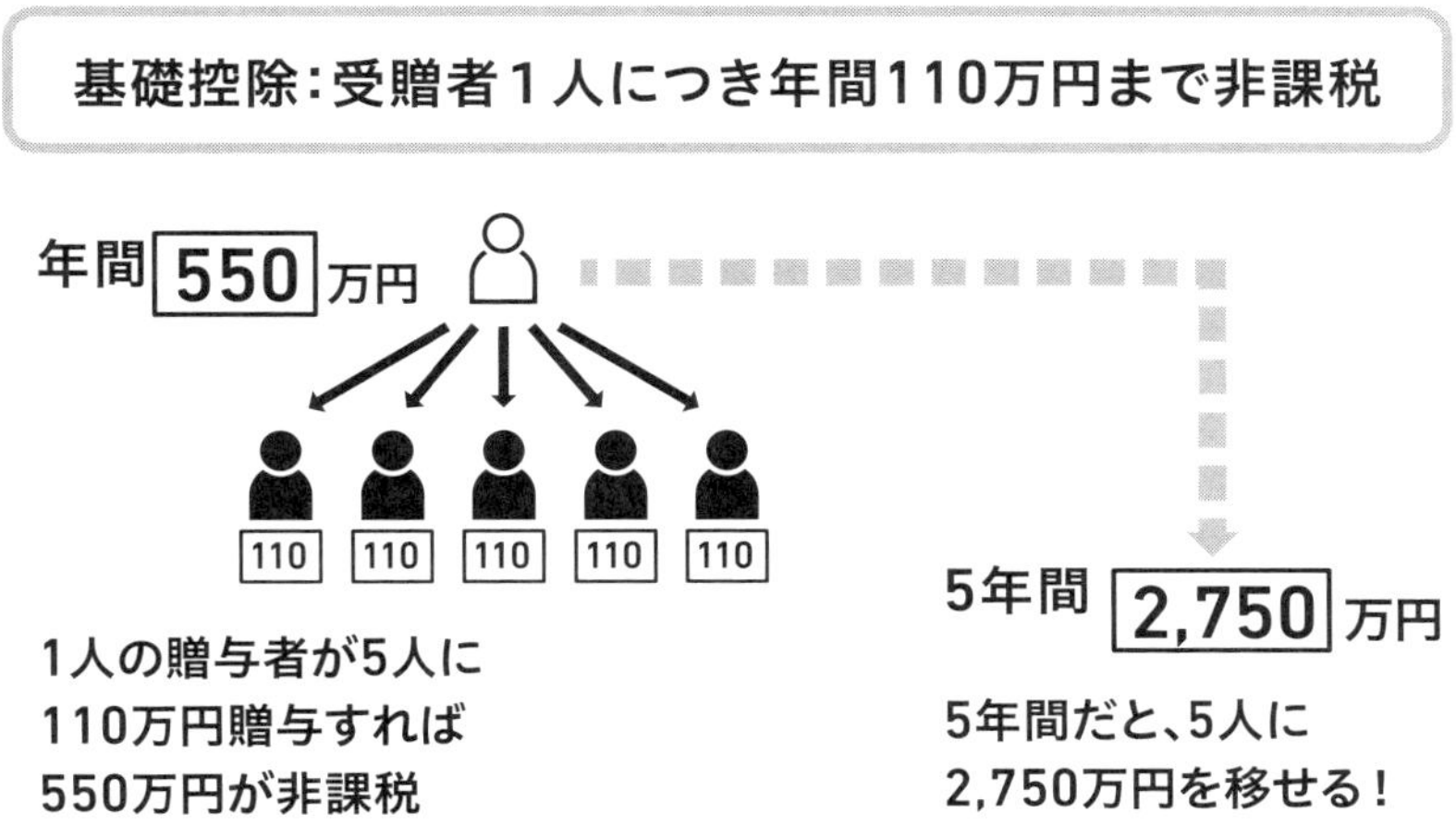
基礎控除：受贈者１人につき年間110万円まで非課税
年間 550 万円
110
110
110
110
110
1人の贈与者が5人に
110万円贈与すれば
550万円が非課税
5年間 2,750 万円
5年間だと、5人に
2,750万円を移せる！

では基礎控除を受けることができるのではなく、「贈与される人（受贈者）」が年間110万円まで無税で贈与を受けることができるものです。つまり、一人の贈与者が5人の受贈者に110万円を贈与すれば、その贈与者は一年で550万円の財産を無税で減らすことができます。

贈与を行うときは、「自分の財産を減らす」と考えるのではなく、受贈者が子や孫なら、自分の財産を「次代に活かす」と考えるべきです。

もちろん、贈与は子や孫だけでなく、どんな人に対してもできます。毎年、多数の人に贈与しても、受贈者が受けた贈与額が年に110万円までなら、贈与税の負担はありません。

このしくみを使った贈与が「暦年贈与」と呼ばれている方法です。自分の財産を、生前から年間110万円の基礎控除額を上回らないように、少しずつ贈与していきます。これを計画的に行っていくことで、課税されずに財産を分配することができます。

ちなみに、贈与が基礎控除を超えてしまった場合でも、受贈者が贈与者の直系卑属、つまり子、孫、ひ孫の場合で、なおかつ20歳以上であれば、税率の低い特例税率が適用されます。

暦年贈与する場合の注意点

一見、便利に見える年間110万円の基礎控除額の活用ですが、注意しなくてはいけないことがあります。それは、何より、贈与税は「贈与者ではなく、受贈者に対してかかる」ということです。

たとえば高齢の夫婦から孫へ、それぞれ年に110万円ずつ贈与すると、受贈者である孫は年間220万円の贈与を受けたことになり、贈与税がかかってしまいます。この場合は、夫婦あわせて年110万円の贈与であれば、贈与税はかかりません。

なお、相続開始前3年以内の贈与については、贈与税の課税対象とはならず、相続税の課税対象になります（すでに贈与税額を納付している場合は、相続税額の計算上、控除されます）。

4-02

贈与の特例を使ってみよう①
住宅取得等資金の贈与

相続税の生前対策としては、何より生前贈与が有効です。その贈与には、いくつかの特例制度があります。そのうち、まず「住宅取得等資金の贈与」を見ていきましょう。

子の住宅取得のために親が住宅資金を贈与した場合には、その贈与額について非課税枠が設けられています。

良質な住宅の場合には1200万円までが非課税

「住宅取得等資金の贈与」における「住宅取得等資金」というのは、居住用住宅の新築や購入、増築や改築などを行うために使うお金のことです。

この特例はその住宅取得等資金を親が子に贈与する場合に一定の非課税枠を設けるという

制度です。

なお、この特例はもともと法令の有効期限が決められている時限立法として制定されていました。そのため、特例を受ける年度によって、限度額が異なります。2019年では一般的な住宅では700万円まで、耐震性や省エネ（次ページ図「省エネ等住宅」）において条件を満たしている良質な住宅の場合には1200万円までの額が非課税で贈与できます（なお、消費税が10％になる場合は次ページの図の(1)の限度額になります）。

相続前3年の贈与でも、非課税枠が適用される

この住宅取得等資金の贈与の特例を有効活用する場合は、何より、受贈者の側が早めにその資金の贈与を見込んでマイホーム計画を立て、できれば良質な住宅を取得することを考えて親に相談することが大切です。

なぜなら、住宅取得等資金の贈与の特例は、2021年までの非課税額が定められていて、それを見越して生前贈与の判断ができるからです。

なお、この特例は先述した「相続開始前3年以内の贈与は相続財産に持ち戻す」という規

住宅取得等資金の贈与　受贈者ごとの非課税限度額

		住宅用家屋の新築等に係る契約の締結日	省エネ等住宅	左記以外の住宅
(1)	住宅用の家屋の新築等に係る対価等の額に含まれる消費税等の税率が10％である場合	2019年 4月 1日～2020年 3月31日	3,000万円	2,500万円
		2020年 4月 1日～2021年 3月31日	1,500万円	1,000万円
		2021年 4月 1日～2021年12月31日	1,200万円	700万円
(2)	上記(1)以外の場合	2020年 3月31日まで	1,200万円	700万円
		2020年 4月 1日～2021年 3月31日	1,000万円	500万円
		2021年 4月 1日～2021年12月31日	800万円	300万円

「省エネ等住宅」とは

次の省エネ等基準を満たし、一定の書類により証明された家屋

① **断熱等性能等級4もしくは一次エネルギー消費量等級4以上であること**

② **耐震等級**（構造躯体の倒壊等防止）**2以上もしくは免震建築物であること**

③ **高齢者等配慮対策等級**（専用部分）**3以上であること**

定の対象外となります（相続税の計算上、加算されないということです）。

さらに、夫婦で資金を出し合い、共有でマイホームを購入したり新築したりする場合は、それぞれの親からの贈与について非課税枠を利用できます。つまり、倍額の非課税枠を活用できることになります。

それだけに、贈与を受けた人は、しっかりとしたマイホーム資金計画をもって取り組むことが欠かせません。

4-03

贈与の特例を使ってみよう②
教育資金の贈与の特例

住宅資金のほかにも贈与の対象や事由によって特例を受けられるケースがあります。教育資金の贈与はその1つで、子や孫に対する教育資金の贈与については1500万円まで非課税で贈与できます。

もともと、祖父母や両親が支払う教育費に関しては、税金はかかりません。しかしそれは、そのお金を受けるたびに使い切る（学費なら学費として納め、その他のものも、その目的に応じて支出する）ことが前提になっています。もし子や孫が教育費として使いきれなかった分があったとしたら、それは贈与として計算され、贈与税の対象となってしまいます。

しかし、この教育資金の贈与の特例では、受けた教育資金を、すぐには使いきらなくてもいいのです。これが、この特例の大きなメリットです。

30歳までに使いきれなかった分は課税対象に

この特例を活用すれば、贈与者である両親や祖父母は、1回で大きな金額の財産を子や孫に渡せることになります。そのため、将来、祖父母や両親の相続が発生したとき、相続に回る財産を大幅に減らすことができます。

また、受贈者である子や孫からすると、贈与されたお金をすぐに教育資金として使わなくてもかまわないので、教育資金という制約はあるものの、長い期間、自分の将来を考えながら使うことができます。

ただし、この1500万円は、いつまでも貯めておいていいというものではありません。そのリミットは受贈者が30歳になるまでです。そのため、受贈者が満30歳になった時点で、贈与された1500万円のうちの残っていた金額が贈与税の課税対象となります。その際に、残額がすべて「30歳になった年に贈与されたもの」とみなされ、基礎控除の110万円を超える額に贈与税が課されます。逆にいうと、「30歳までに使いきれる金額に調整して贈与する」ということがポイントになるわけです。

この1500万円の使い道である教育資金は、学校や留学関係の学費だけでなく、スポーツや音楽などの習いごとにも使うことができます。ところが、一般的な塾など一部のものについては、上限が500万円までと決められています。子や孫、また両親や祖父母としても、用途に応じて対象となるかどうかなどをしっかりと確認しておく必要があるでしょう。

また、この1500万円という上限は、1回の贈与として考えなければならないわけではありません。はじめに〝試し〟でいくらかの額を贈与してみて、子や孫の実際の使い方を両親や祖父母が把握してから、追加で贈与するということも可能です。

教育資金等贈与の概念図

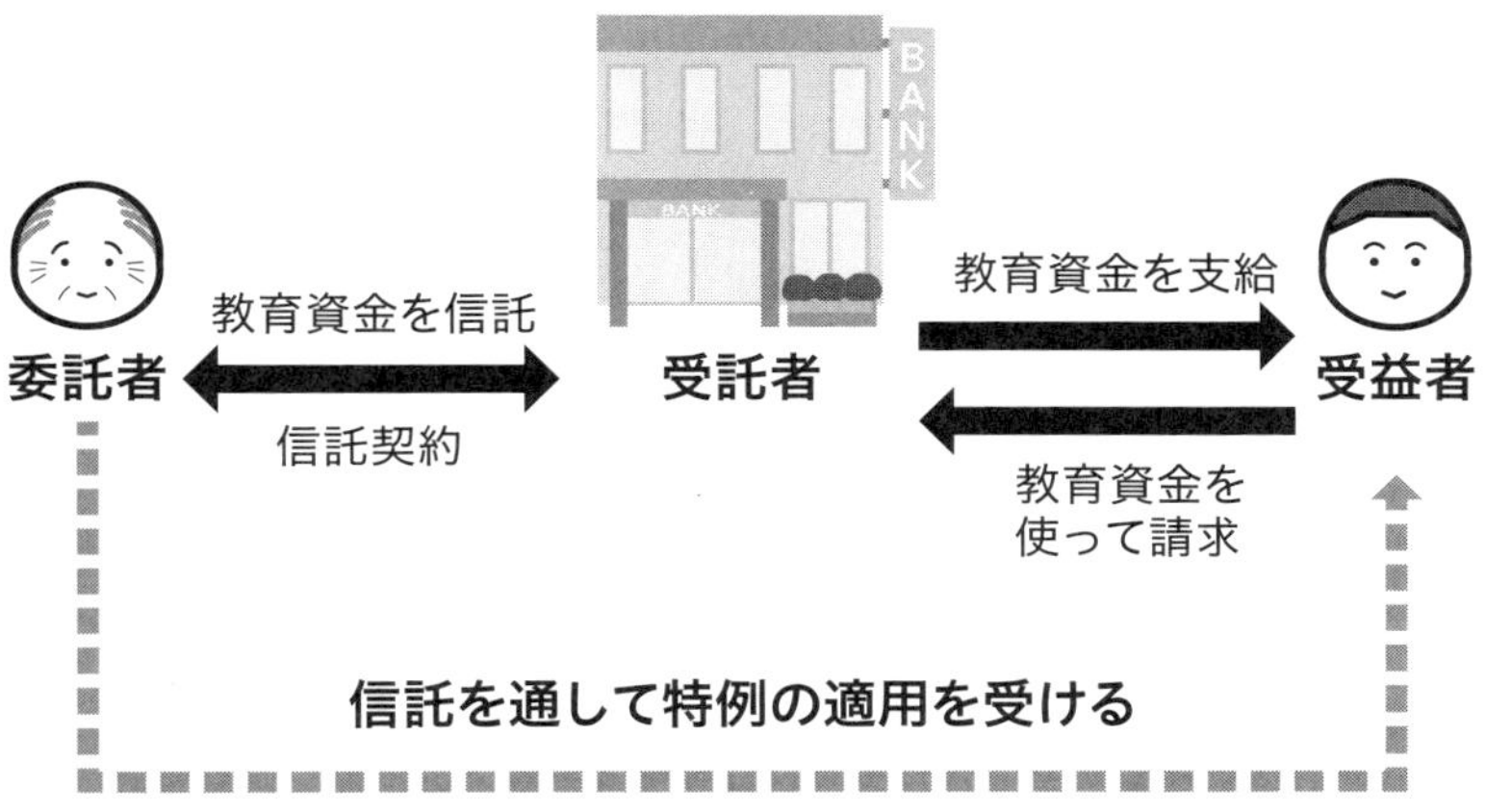

2019年以降の贈与の場合に留意すべきこと

このように、1回で大きな金額の財産を子や孫に渡せる教育資金の贈与ですが、いわゆる格差の固定化や教育機会の平等という観点から、2019年度税制改正においていくつかの修正が入ることになりました。

まず、受贈者に所得要件が設けられ、前年の合計所得金額が1000万円を超える場合には非課税措置の適用を受けることができなくなります。次に、23歳以上の受贈者を対象として、いわゆる「趣味・習いごと」といった支出が原則として対象外になります。

そして、教育資金の贈与に関するもっとも重要な改正項目として、死亡前3年以内に設定された信託について非課税措置の適用を受けたことがある場合は、受贈者が23歳未満であるといった要件に該当しない限り、その死亡の日現在に使い切れなかった残額が相続税の課税対象として取り込まれることになりました。

受贈者が将来30歳の時点で使い切れなかった残額に贈与税が課税されるといっても、1人あたり最高1500万円の財産を完全に除外できることがこの特例の最大のメリットであったものの、これからは死亡直前の駆け込みの信託の設定について留意する必要があります。

金融機関と契約を結ぶことが必要

この教育資金の贈与の特例を活用するには、贈与者である両親・祖父母と、受贈者である子や孫が、金融機関と教育資金管理契約を結ぶ必要があります。そして、贈与資金の管理を金融機関に信託するというかたちをとります。後述するように、「贈与についても信託を活用する」という方法の1つといってよいでしょう。金融機関によっては、その契約を通じて必要な申請・税務手続きなどを代行してくれるケースもあります。

なお、贈与として信託した資金を引き出す方法としては次の2つがあります。

①支払後請求

先に支払いを済ませて、その領収書と引き換えに口座から払い出す方法です。

②支払前請求

先に口座から払い出し、その後、領収書を金融機関に提出するという方法です。
どちらの方法をとるかは、教育資金管理契約の締結時に決めます。

4-04

贈与の特例を使ってみよう③
結婚・子育て資金の特例

贈与の特例には、結婚や子育てに関する特例もあります。この結婚・子育て資金の特例では1000万円までが非課税になり、贈与する相手は子、孫、ひ孫などが対象になります。

結婚関係の贈与では、結婚式や披露宴、新居の準備や引越しなどが該当し、一方の子育て関係では、妊娠や出産にかかる諸経費、産後のケア、生まれた子のベビーシッターや保育園、医療費などが該当します。非課税の上限は1人につき1000万円までで、結婚関係の贈与の上限は300万円です。

事実上、結婚費用の上限を意識して贈与し、それを1000万円までの上限に拡大し、子育て資金として贈与するような対応をとるケースも多いようです。

教育資金の贈与の特例との類似点

この特例には、教育資金の贈与の特例と似通った点がいくつかあります。

①子や孫、ひ孫の今後を見据えて大きな額を贈与できる

まずは、大きな額を非課税で贈与でき、その資金を次代に活かせるというメリットです。教育資金の贈与の特例では受贈者の年齢の上限が満30歳まででしたが、この結婚・子育て資金の贈与の特例の受贈者の年齢の上限は、成人してから満50歳を迎えるまでです。

その年齢に達するまでに贈与された額を

結婚子育て資金での信託の活用

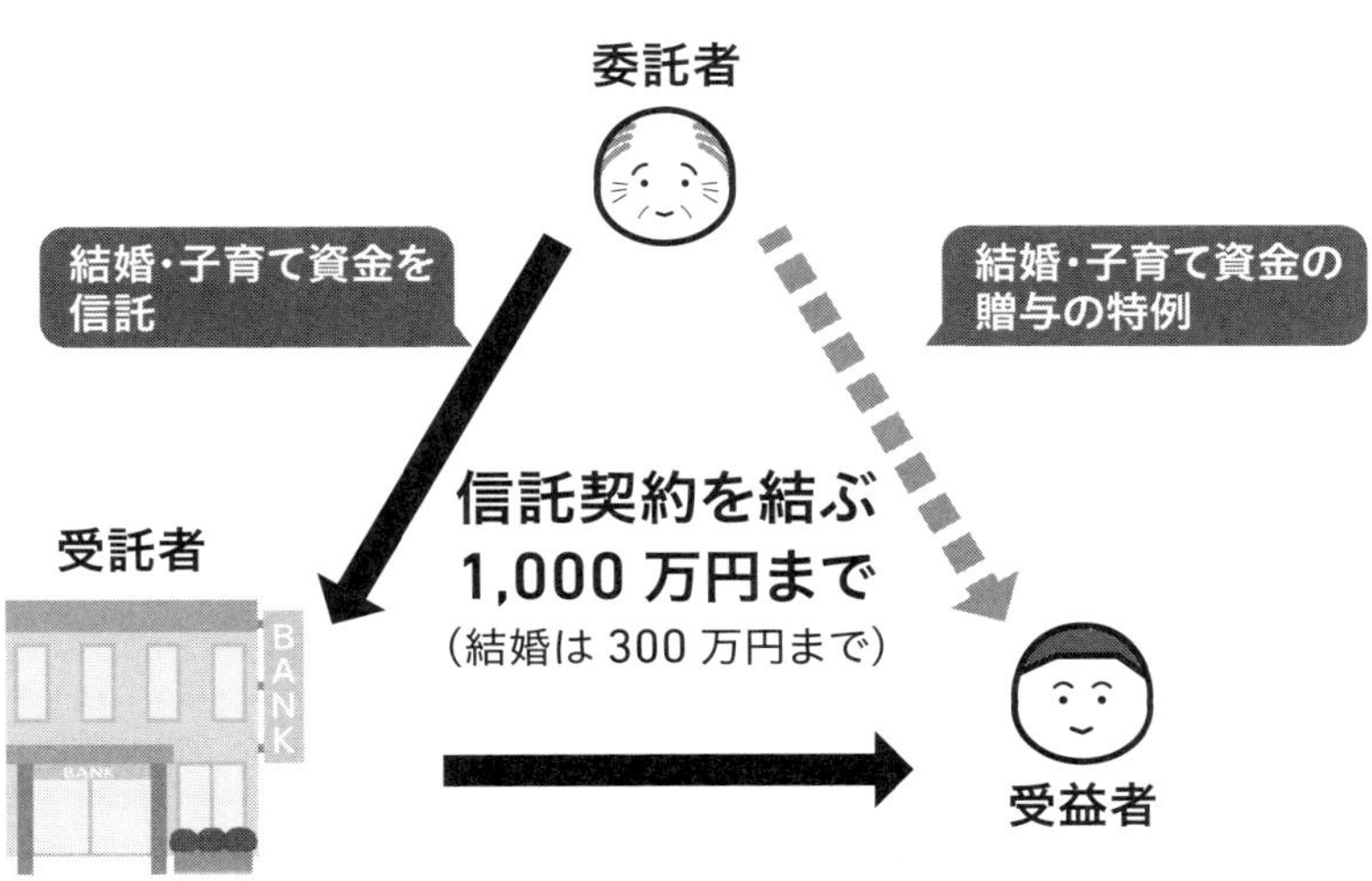

受贈者が使いきらないと、贈与した額のうち残りの額は贈与を受けたものとなり、１１０万円の基礎控除額を除いた額が課税対象となります。

②資金の管理を金融機関に信託する

贈与した結婚・子育て資金の管理を金融機関に信託する点も同じです。教育資金の贈与と同様に金融機関と信託契約を締結します。

結婚・子育て資金も教育資金と同様に、本来であれば必要資金として両親・祖父母がそのつど渡せる類のお金です。しかし、その場合は、使い道と使う時期や必要額であることなどが限定されます。

ところが、この結婚・子育て資金の贈与の特例は、使う時期について融通を利かせることができます。そのため、贈与の時点で一括で大きな財産を動かせるメリットも持っているのです。これは教育資金贈与の特例と同様です。

ただし、２０１９年度税制改正による教育資金の贈与と同様に、金融機関との信託契約期間中に、贈与した人が亡くなってしまった場合、残っている口座の資金はすべて「相続、遺贈で受け取ったもの」になってしまいます。相続前３年に限定されず、相続財産への持ち戻しの対象になってしまうのです。

その一方で、相続税の納付税額を算出する際の2割加算（169ページ参照）はありません。なお、それまでに使った資金は「相続、遺贈で受け取ったもの」の対象にはなりません。

そのため、一度に大きな資金を贈与してしまっては、万が一の事態が起こったときに、あまり節税の効果を見込めない可能性があります。子や孫、ひ孫の結婚や子育ての予定を見ながら生前贈与の計画を立てる必要があります。

また、贈与した額の使用状況を見ながら、足りなさそうだったら足していくという方法をとることもできます。

なお、教育資金の贈与と同様に2019年度税制改正によって受贈者も前年の合計所得金額が1000万円を超える場合には、適用を受けることができなくなります。

4-05

贈与の特例を使ってみよう④ 配偶者への自宅の贈与

相続時には、相続税に関して配偶者の税額軽減の措置があります。その措置と似たような趣旨で、配偶者に対する贈与にも特例措置があります。前述のように、結婚して20年以上経った配偶者への自宅の贈与については、2000万円を上限として非課税になるという特例です。

住居の全部でも一部の贈与でもかまわない

贈与の対象になるのは、贈与を受けた人が住んでいる自宅か、今後住むための住居の購入資金のいずれかです。国内の自宅として住む住居が要件なので、別荘や海外の居住用不動産などセカンドハウスは対象ではありません。

なお、購入資金の贈与を受けた配偶者は、翌年3月15日までに住居を購入する必要があります。

贈与の手法には、いくつかのバリエーションがあります。まず、非課税額を意識して、その上限額を基準に贈与する方法です。

現在住んでいる自宅の評価額が2000万円以内であれば、配偶者に丸ごと贈与しても贈与税はかかりません。

また、自宅の範囲としては建物でも敷地でもかまわないので、自宅を配偶者に贈与する場合は特例の上限額までの範囲で、敷地や建

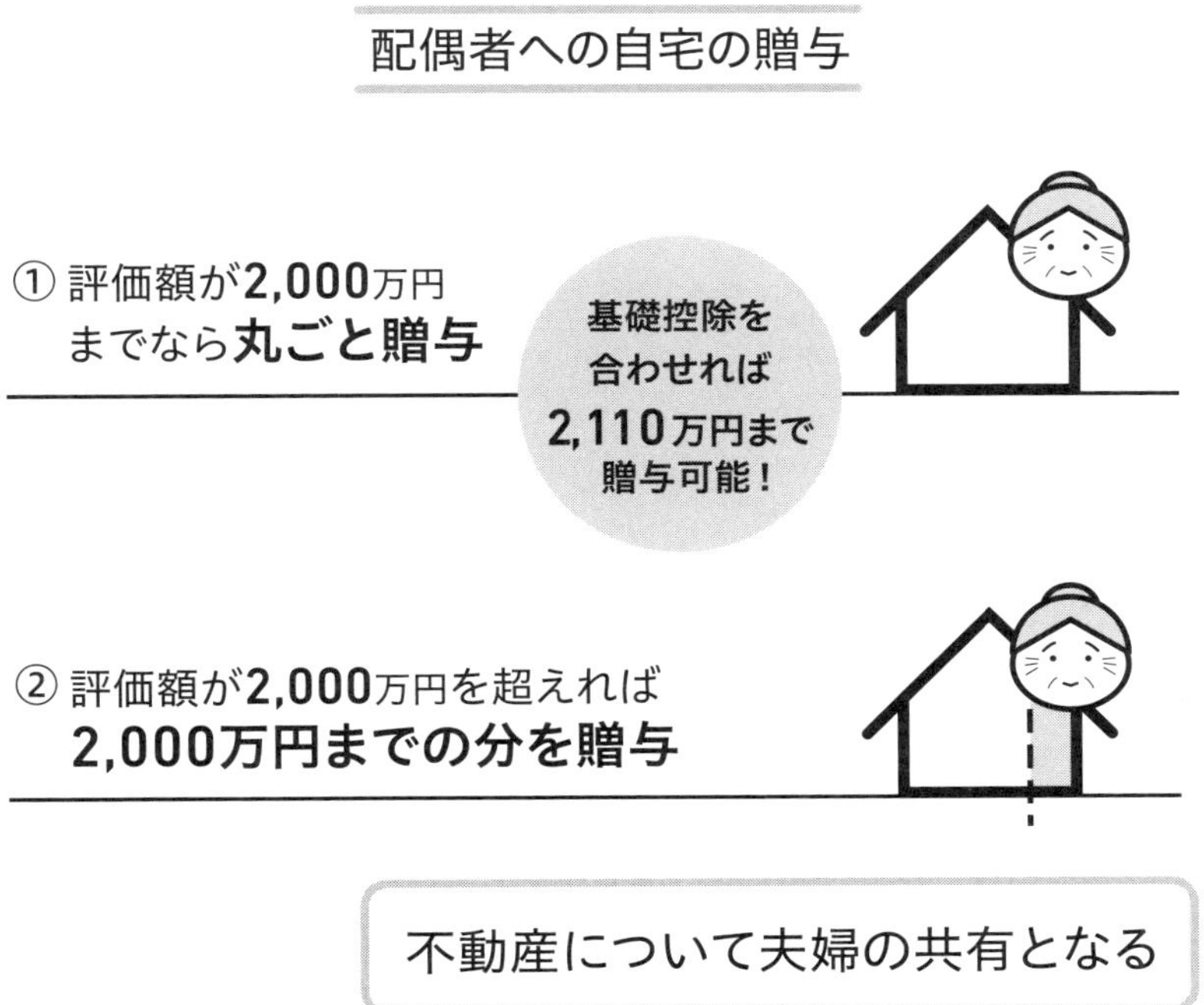
配偶者への自宅の贈与
① 評価額が2,000万円までなら丸ごと贈与
基礎控除を合わせれば2,110万円まで贈与可能！
② 評価額が2,000万円を超えれば2,000万円までの分を贈与
不動産について夫婦の共有となる

物の一部を配偶者に贈与するという対応も可能です。

その一部の贈与によって不動産の持ち分を共有することになり、その分、相続時の相続財産を減少させることになります。前述のとおり、配偶者への自宅の贈与の上限は２０００万円ですが、これに基礎控除額１１０万円を加えれば２１１０万円までの贈与が非課税になります。この配偶者への自宅の贈与を使えるのは、20年以上婚姻関係のある夫婦について１回だけです。

4-06

相続時精算課税制度を活用すべき財産とは？

相続時精算課税制度とは、一言でいえば相続財産を先渡しにして相続の発生時に精算する制度のことです。

具体的には、贈与を受ける人が将来の被相続人を指名し、「この人から受ける贈与に関しては、その人の相続時に精算して課税する」という申告をすることにより、以後その人からの贈与は相続税の対象になり、相続が発生してから課税されることになるという制度です。

実際にこの制度を用いるケースは、受贈者である子が、贈与者である親に対して使用するケースがほとんどです。これにより税の精算が、親が亡くなったあとに先延ばしにされることになります。

いったん適用されると撤回できない点に注意

相続時精算課税制度は成人した子や孫に対して、60歳以上の父母か祖父母が贈与を行う場合に適用され、非課税枠は2500万円までです。その額を超えても贈与はできますが、超えてしまった贈与分には一律20％の贈与税がかかります。一律20％の贈与税が、相続の際に納めなくてはならない相続税を超えていた場合、その超えていた金額は相続税の申告の際に還付されます。

相続時精算課税制度は贈与税の申告時期に相続時精算課税制度の適用申請書を提出すればよいのですが、注意しなくてはいけない点がもう1つあります。この制度をいったん選択すると、その両親・祖父母からの贈与については暦年贈与が適用されなくなってしまう点です。つまり、毎年110万円の基礎控除額も適用されなくなってしまうのです。

ただし、たとえば両親のうちの1人について相続時精算課税を適用していた場合、もう1人の親など、他の人からの財産の贈与については、暦年贈与を受けることができます。

相続時精算課税制度が有効なケースを見極める

相続時精算課税制度はいわゆる課税の繰延べにすぎないという考え方もでき、「いいことあるの？」といった意見が出るかもしれません。しかし、この制度が有効になるケースもあります。そのうち主なケースを3つ紹介します。

①財産が多くはなく、もともと相続税がかからないケース

2500万円以内の財産であれば、相続時にかかる相続税での精算の負担を心配する必要はありません。したがって、相続まで待つことなく資産を有効活用していくこ

相続時精算課税が有効なケース

① 財産が多くはなく、もともと相続税がかからないケース

② 収益を生み続ける資産を贈与者が手放したいケース

③ 贈与者が将来値上がりする可能性の高い資産を持っているケース

とが可能です。

②収益を生み続ける資産を贈与者が手放したいケース

たとえば、賃貸不動産などの収益物件を所有している場合などが該当します。収益物件は所有している限り、どんどん資産を増やしてくれます。しかしそれは、相続に回る財産がどんどん増えてしまうということでもあります。

そんな状態を避けるために、相続時精算課税制度を利用して、一括で収益物件を子や孫に贈与します。すると、贈与した時点から、その収益は贈与された子や孫のものになるので、贈与者としては相続の財産を増やさなくてすむようになるのです。

③贈与者が将来値上がりする可能性の高い資産を持っているケース

将来性のある土地などが該当します。たとえば、いまはまだ価値が低い土地を相続時精算課税制度を活用して贈与すれば、相続が発生したとき、その土地を贈与した時点での価格で相続税の計算を行います。

いざ相続というときに、その土地が何倍もの価値になっていて、その価額で評価されてしまうと大きな相続税がかかることにもなります。そうした事態を防ぐために、価格の低いうちに贈与するのです。

4-07

贈与の際の注意点 名義預金と連年贈与を押さえよう

贈与は生前からも行うことができ、基礎控除などの控除も受けることができるので、相続に回る財産を減らしていくことが可能です。その反面、その贈与が「相続税逃れの見せかけの贈与」ではなかったかどうか、税務署はチェックの目を光らせています。

税務署から、

「これは贈与ではないのでは？」

と指摘を受けてしまった際には、贈与を受けた人が、

「これは間違いなく贈与です！」

という説明をしなくてはいけません。では、そうならないためにも、どのような点に注意すればよいのかを見ていくことにしましょう。

受贈者が贈与されたお金を管理していないと名義預金に！

とくに注意しておきたい点は、「名義預金」です。

名義預金というのは、口座自体の名義は受贈者の名義ですが、通帳やカードの管理は贈与者など他の人が行っている状態の口座のことです。親子間と同様に、夫婦間の名義預金も指摘が多いケースといってよいでしょう。

この状態の口座に贈与していくと、いざ税務署のチェックが入ったときに贈与と認めてもらうことができず、贈与した財産は相続財産として扱われてしまいます。財産の単なる移し替えとみなされてしまうのです。

このトラブルの対策としては、贈与したお金を、実質的に贈与を受けた人が管理しているという状況をつくることが挙げられます。具体的には、その口座の通帳や印鑑を、贈与を受ける人に所持してもらい、その口座から公共料金などを引き落としてもらったり、受贈者が自分で引き出して使ったりすることが考えられます。

何年も〝定期定額〟の贈与を行っていると、連年贈与を疑われる

連年贈与については、贈与の額が毎回同じ額だったり、毎年同じ日に振り込まれていたりするときに要注意です。「贈与を受けた最初の年に『贈与を受ける権利』を一括して贈与された」とみなされてしまうことがあるからです。

わかりやすく説明すると、10年間、毎年同じ日に100万円ずつ贈与していた場合、贈与した最初の年に「合計1000万円を連年で受け取る権利が贈与された。本来1000万円の財産を10年間に分けただけ」とみなされてしまうということです。

名義預金と連年贈与に注意

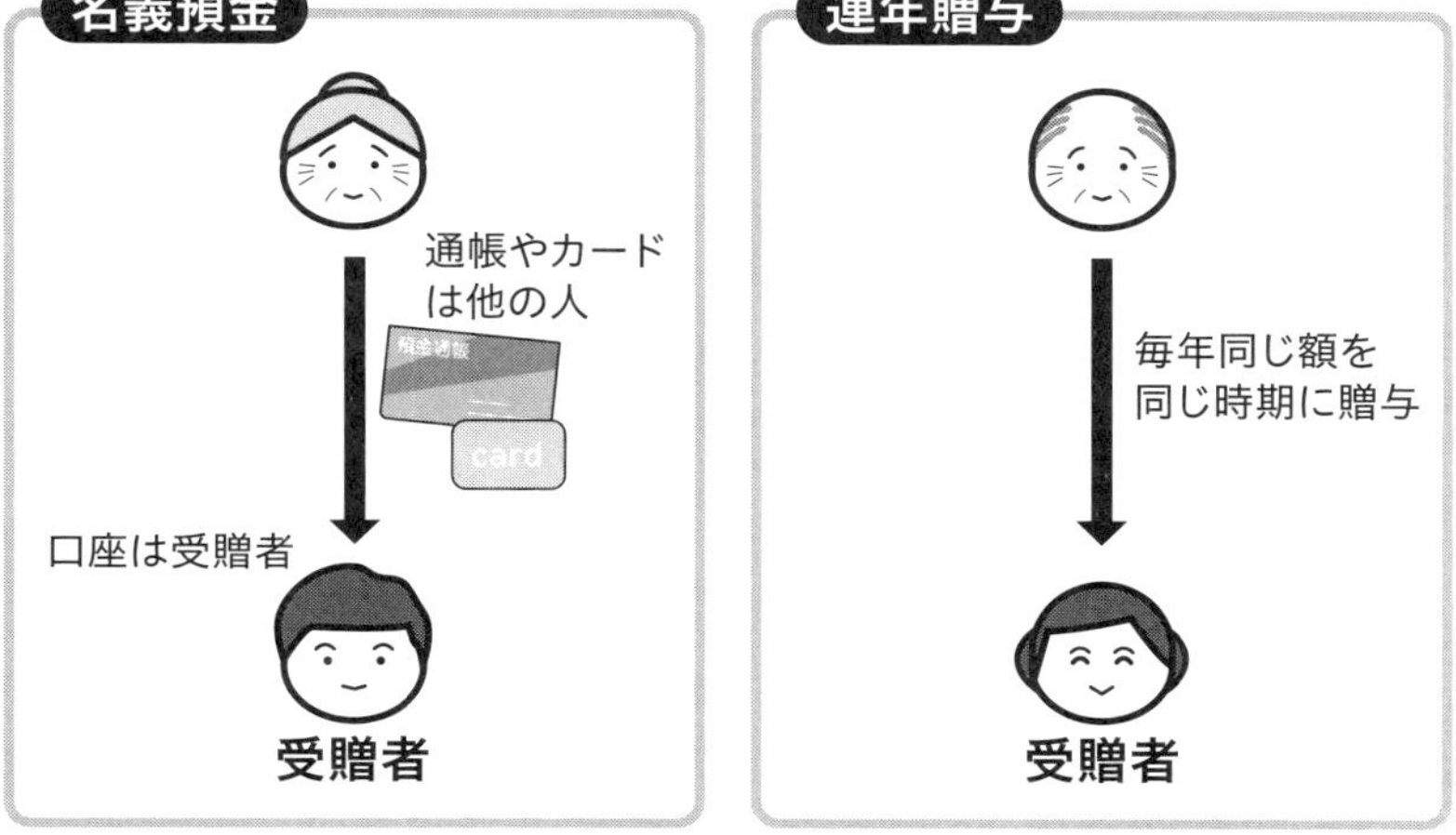

こうなると、最初の年の基礎控除の110万円を差し引いた、890万円に対して贈与税が課せられてしまう可能性があります。

このトラブルの対策としては、贈与する日や金額を変えたりすることが必要です。贈与しない年をつくるのもよいでしょう。年によっては110万円を超える贈与を行い、贈与税を納めた実績をつくっておくという対応もあります。

また、贈与者・受贈者の間で、毎回、贈与の際に贈与契約書を作成することも有効です。贈与契約書を交わしておけば、期日や金額を変えずに毎年贈与したとしても、その時々の契約を行って対応したことの証明はできます。そのひな型は次ページを参考にしてください。決してむずかしい書類ではありませんが、贈与者・受贈者ともに自署押印し、公証人役場で「確定日付」印を押印してもらうとよいでしょう。

なお、相続前3年以内の贈与については、贈与税はかかりませんが、故人の相続財産に組み込まれます。それにより遺産に係る基礎控除額を超え、相続税が課されることもありますので、注意しましょう。

贈与契約書の例

贈与契約書

贈与者田中太郎（以下「甲」という）と受贈者吉田洋子（以下「乙」という）は、本日、以下のとおりの贈与契約を締結した。

第1条
甲は乙に対し、現金○○円を乙に贈与することとし、乙はこれを了承した。

第2条
甲は乙に対し、第1条に記した贈与金を、△△年△月△日に、乙指定の以下の銀行預金口座に振り込む。

金融機関名：□□銀行
支店名：△△支店
口座の種別：普通預金
口座番号：×××××××

上記のとおり、贈与契約が成立したことを証するために、本契約書を2通作成し、甲と乙がそれぞれ１通を保有する。

平成○○年○月○日

東京都○○区○○　○丁目○番地○号
贈与者（甲）　田中太郎　㊞

神奈川県○○区○○　○丁目○番地○
受贈者（乙）　吉田洋子　㊞

PART 5

相続税対策で押さえておくべき特例制度

5-01

配偶者の税額軽減措置を有効活用する

相続税における特例制度の代表格に「配偶者の税額軽減措置」があります。これは「故人の配偶者に相続税はかからない」といった表現で理解する向きも多いのですが、より正確にいうと税額控除の１つです。

多くの特例制度は相続財産として評価する段階で、あらかじめ一定の割合で減額する方法をとりますが、税額控除はそうした特例制度とは性質が異なります。相続財産に一定の税率をかけて相続税の額を算出し、その相続税の額から、一定の額を減額するのです。

大きな節税効果あり！

配偶者の税額軽減は、同一世帯での財産移転はもちろんのこと、夫婦間における財産形成の相互寄与、またその後の配偶者の生活保障を考慮した税額控除になっています。これは夫を亡くした妻、妻を亡くした夫、両方の場合で同様に適用されます。

非課税で移転できる金額の上限は、下図のように1億6000万円か法定相続分のどちらか高いほうの額です。相続税の申告時に配偶者の税額軽減措置の適用を申請する必要はありますが、税額控除の額が大きいだけに大きな節税効果を見込めます。

相続が続けて発生することに注意

この配偶者の税額軽減措置の適用を受ければ、故人の配偶者は相続税については一

配偶者の税額の軽減制度

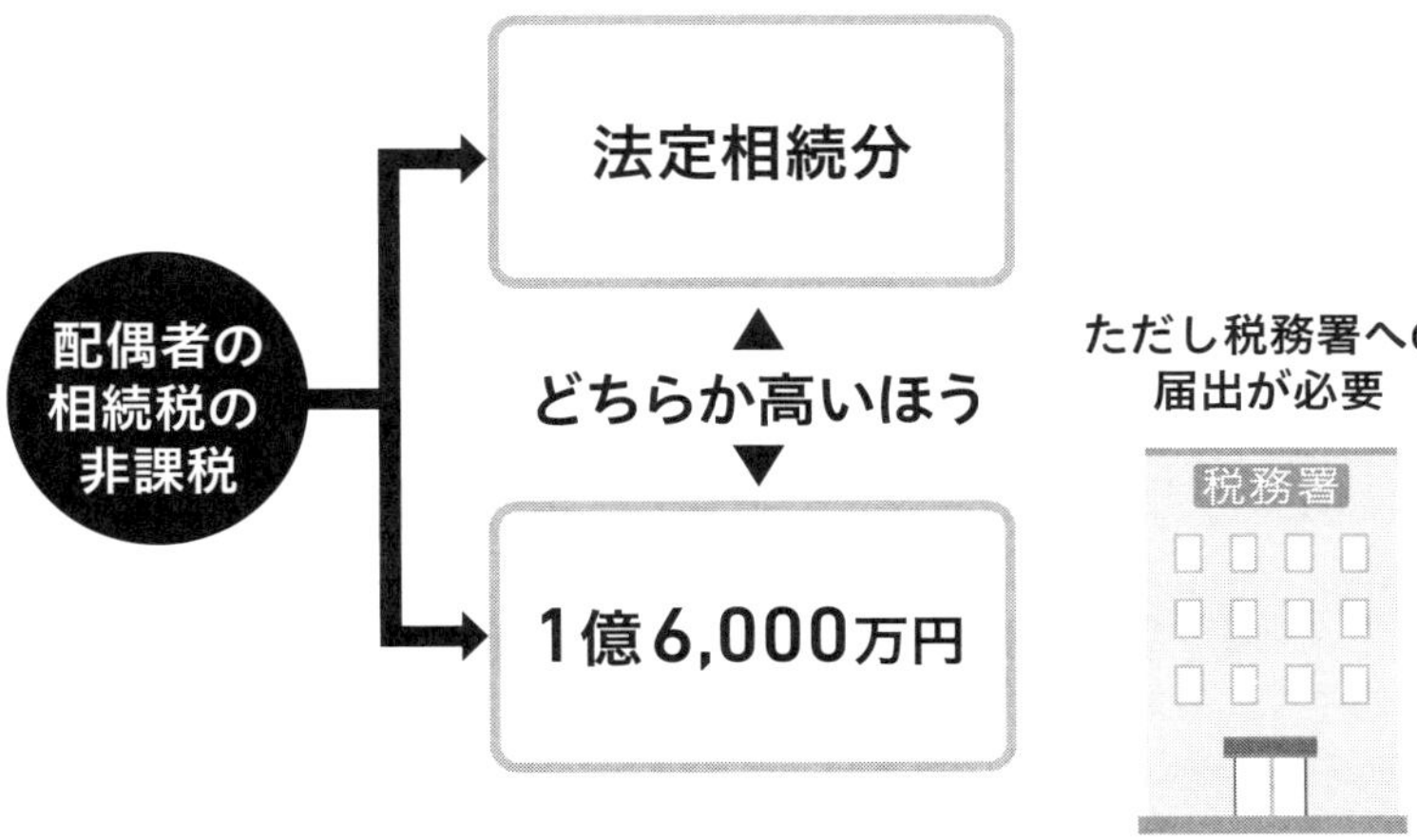

父が亡くなり、次に母が亡くなった場合のシミュレーション

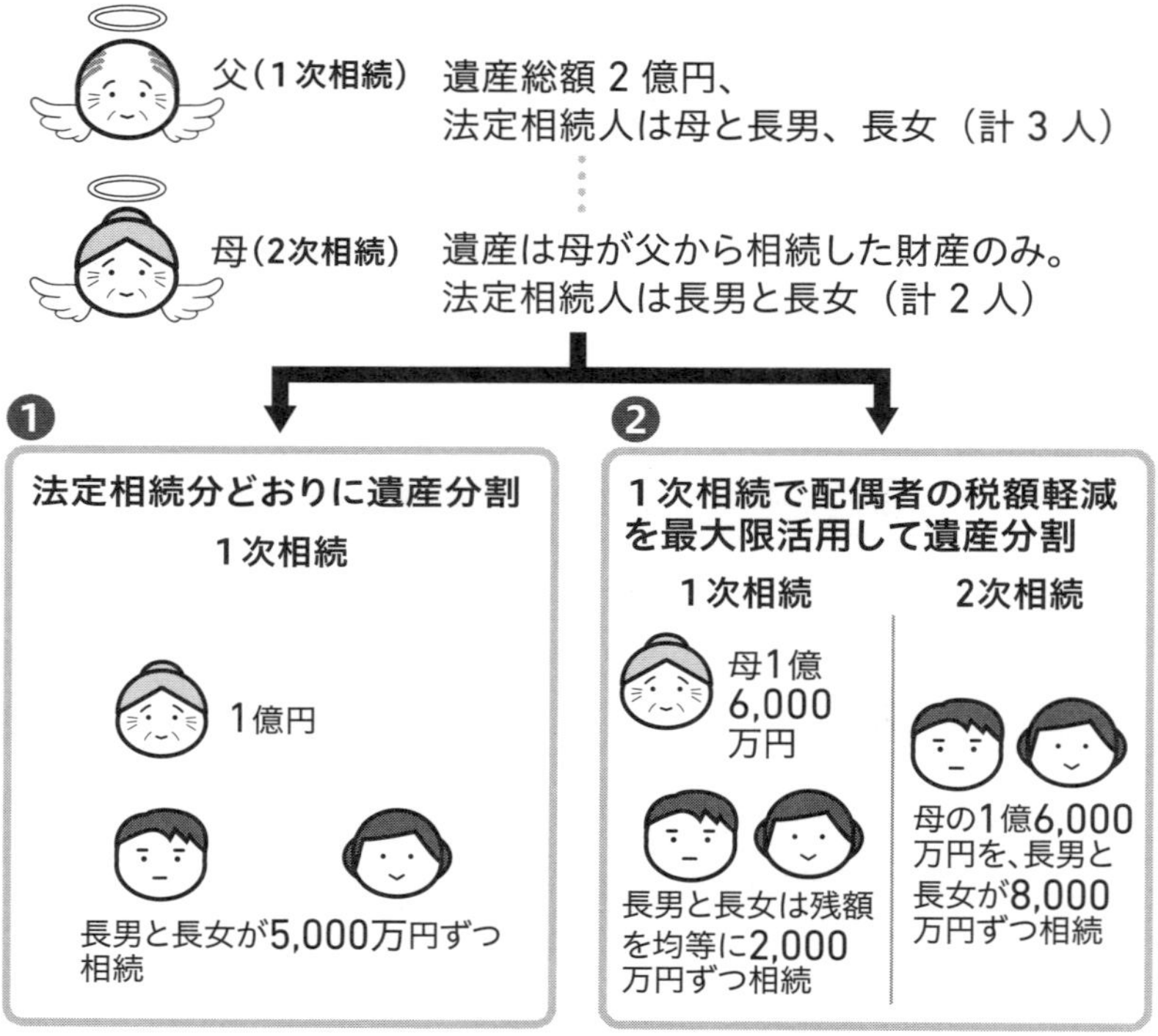
父（1次相続）
遺産総額2億円、
法定相続人は母と長男、長女（計3人）
母（2次相続）
遺産は母が父から相続した財産のみ。
法定相続人は長男と長女（計2人）
❶
法定相続分どおりに遺産分割
1次相続
1億円
長男と長女が5,000万円ずつ相続
❷
1次相続で配偶者の税額軽減を最大限活用して遺産分割
1次相続
母1億6,000万円
長男と長女は残額を均等に2,000万円ずつ相続
2次相続
母の1億6,000万円を、長男と長女が8,000万円ずつ相続

それぞれの場合の1次相続と2次相続の相続税額表

	1次相続での相続税の合計	2次相続での相続税の合計	2回分の相続税の合計
①のケース	1,350万円	770万円	2,120万円
②のケース	540万円	2,140万円	2,680万円
差額（①−②）	810万円	−1.370万円	−560万円

1次相続で配偶者の税額軽減を最大限活用すると、1次相続では 810 万円得をするが、2次相続まで含めた2回分の相続税の合計では 560 万円損をする！

安心かもしれません。

しかし、注意しなくてはいけないこともあります。同一世帯の夫婦間で資産を移転することになるので、その同じ資産を次世代に相続しなくてはいけなくなるまでの期間が、短くなってしまうことです。いわゆる二次相続です。そのため、同じ資産に立て続けに相続税が課せられることになってしまうことがあり得ます。

一次相続と二次相続。立て続けに相続が発生し得ることを考慮したうえで、どのくらい配偶者に相続すれば最適かを前ページ図を参考に一度シミュレーションしてみることをおすすめします。

5-02

大きな節税が見込める小規模宅地等の特例の基本

相続税の節税対策として、小規模宅地等の特例の活用があり、それは特定住居用の特例と特定事業用、貸付事業用の特例に分かれています。

特定住居用の特例を一言で示すと、自宅として使用している一定規模の土地の相続税評価額を減額するという制度です。自宅として使用している土地は自用地と呼ばれ、他の土地に比べて評価額は高くなる傾向があり、それにともなって相続税評価額も高額になってしまいます。それを防ぐのがこの特例です。

100坪までの宅地に適用

この特例では、相続財産に土地の評価額を加える際に、330平方メートル（100坪）

までという要件を満たしている自宅であれば、評価額を8割減らすことができます。なお、330平方メートルを超えている分については、通常の評価額が相続財産に加えられます。

そのほかの要件としては、故人が亡くなる直前まで自宅として使用していることです。生計を一にする（日常の生活の資金を共にすること）親族が利用していてもかまいません。故人が生前、介護施設、医療福祉施設などで暮らしていたとしても、その家を貸したり、他の事業などに使ったりしていなければ自宅とみなされます。

この特例の手続きは、相続税の申告期限までに適用申請を行います。しかし、相続

小規模宅地等の特例

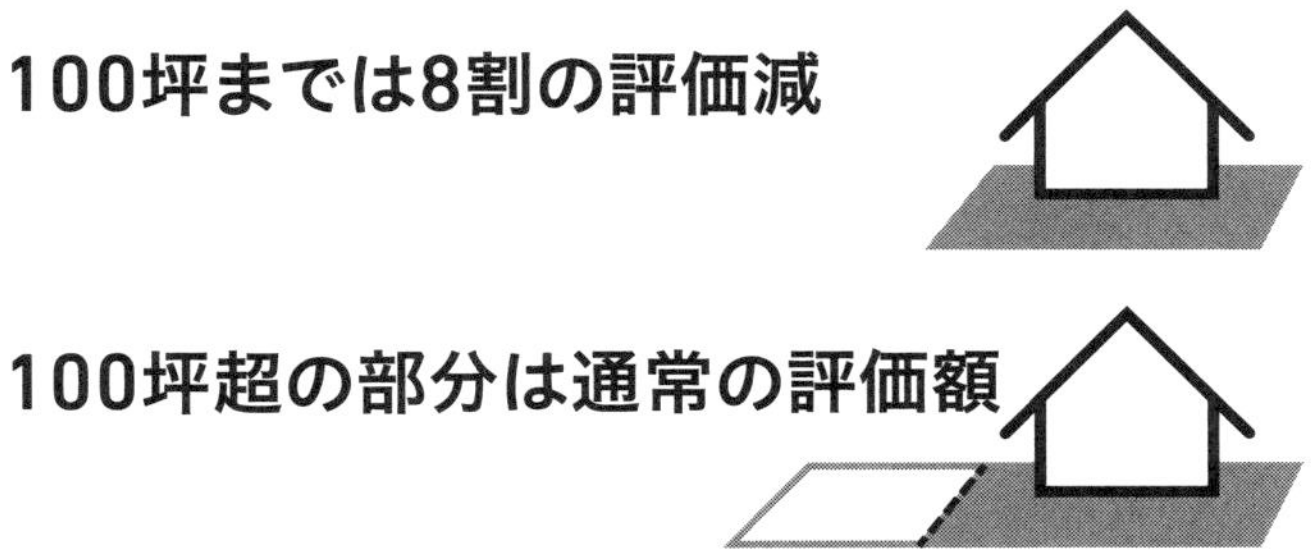

- 故人が亡くなる直前まで自宅として使用
- 相続税の申告期限までに適用申請が必要

時精算課税制度によって宅地を贈与していた場合には適用できません。

特例を受けるための条件とは？

この特例は、相続により宅地を取得した人が自宅として使用することを前提としています。しかし、その相続人が実際に住まなくても、次の2つの条件を満たせば適用されます。

①故人に配偶者がいなくて、他の相続人が同居していない

なお、2019年度税制改正により、相続開始前3年以内に新たに事業の用に供された宅地の場合については、その宅地において一定の規模の設備がある場合を除き、適用対象から除外されることになりました。

②相続により宅地を取得する人が、相続開始前3年以内に、「相続人とその配偶者、3親等内の親族などが所有する家」に住んだことがない

このうち②は、いつかその宅地に建つ家に住む可能性があるとみなされるのです。そのため、この特例は「家なき子特例」とも呼ばれています。この「家なき子特例」の適用を受ければ、大幅に相続税の額を抑えることが可能です。

特定事業用宅地、貸付事業用宅地の特例を活用する

特定事業用宅地の特例、貸付事業用宅地の特例は、次のように規定されています。

①特定事業用宅地の特例は宅地面積400平方メートルまでで、評価額を8割減額する

この減額割合であれば、かなり大きな納税負担を減らすことができ、事業を続けていくうえでプラスに働くことでしょう。

この特例の適用条件は、事業を故人本人が営んでいた場合は、

・事業を相続税の申告期限までに相続人が引き継ぎ、かつ、申告期限までその事業を営んでいること

・その物件を申告期限まで保有していること

です。また、個人と生計を一にする親族が事業を営んでいた場合は、

・相続開始の直前から申告期限まで、その事業を営んでいること

・その物件を申告期限まで保有していること

が必要になります。なお、2019年度税制改正により、相続開始前3年以内に新たに事

業の用に供された宅地については、その宅地において一定の規模の設備がある場合を除き、適用対象から除外されることになりました。

②貸付事業用宅地の特例は宅地面積200平方メートルまでで、評価額を5割減額する

貸付事業用宅地の特例は、事業に使っている宅地のうち、200平方メートルまでで、評価額を5割減額することができます。貸付事業については、不動産貸付業、駐車場業、自転車駐輪場業が該当しますが、相続開始前3年以内に新たに貸付事業の用に供された場合には、事業的規模（いわゆる5棟10室基準）でない限り、適用対象から除外されます。

適用にあたっては、相続税の申告までに事業の承継をすませておき、申告することはもちろんのこと、故人が生前、相続時精算課税制度で事業用地を贈与していないかということにも留意しておく必要があります。

家族経営では、事業地と自宅が同じ敷地建物のなかにあるというケースも少なくないでしょう。その場合は敷地面積で按分して、自宅部分には特定居住用宅地の特例、事業部分には特定事業用宅地の特例をそれぞれ適用することが可能です。この特例を併用する場合には、合計で730平方メートルまでが限度となります。そのほか、故人が役員を務めていた同族会社が利用していた宅地に適用される特定同族会社事業用宅地の特例もあります。

5-03

小規模宅地等の特例を適用した場合の財産評価

小規模宅地等の特例を適用した場合、宅地の評価で減額される割合は、次ページの表のようになります。前述のとおり、財産の評価額から減額される割合も大きいので、生前、早めの対応を心がけておくことが大切です。

故人が老人ホームに入居していても使えるようになった

この小規模宅地等の特例については、これまで面積要件など、たび重なる改正が行われ、拡充されてきました。その一例を紹介しておきましょう。まず、本人が介護施設（老人ホーム）に入居していた場合でも活用しやすくなっています。

従来、故人が老人ホームに入居していた場合、次の3つの要件を満たす場合に小規模宅地

小規模宅地等で減額される割合

<table>
<tr><th colspan="3">相続開始の直前における宅地等の利用区分</th><th>要件</th><th>限度面積</th><th>減額される割合</th></tr>
<tr><td rowspan="5">被相続人等の事業の用に供されていた宅地等</td><td colspan="2">貸付事業以外の事業用の宅地等</td><td>特定事業用宅地等に該当する宅地等</td><td>400㎡</td><td>80%</td></tr>
<tr><td rowspan="4">貸付事業用の宅地等</td><td rowspan="2">一定の法人に貸し付けられ、その法人の事業(貸付事業を除く)用の宅地等</td><td>特定同族会社事業用宅地等に該当する宅地等</td><td>400㎡</td><td>80%</td></tr>
<tr><td>貸付事業用宅地等に該当する宅地等</td><td>200㎡</td><td>50%</td></tr>
<tr><td>一定の法人に貸し付けられ、その法人の貸付事業用の宅地等</td><td>貸付事業用宅地等に該当する宅地等</td><td>200㎡</td><td>50%</td></tr>
<tr><td>被相続人等の貸付事業用の宅地等</td><td>貸付事業用宅地等に該当する宅地等</td><td>200㎡</td><td>50%</td></tr>
<tr><td colspan="3">被相続人等の居住の用に供されていた宅地等</td><td>特定居住用宅地等に該当する宅地等</td><td>330㎡</td><td>80%</td></tr>
</table>

等の特例が認められていました。

①介護を受ける必要があると認められて入所した

②自宅がいつでも生活できるように維持されている

③老人ホームで最後まですごす「終身利用権」を取得していない

また、一口に介護施設、老人ホームといっても、その種類は多様であり、適用の可否を税務署が個別に判断する面もありました。こうした要件がいまは緩和され、①と②の要件を満たせば、小規模宅地等の特例が受けられるようになっています。とくに①の判断は、入所時ではなく、相続の発生時に確認するようになっています。

二世帯住宅で暮らしていた場合も活用できる

次に二世帯住宅に関する改正です。小規模宅地等の特例は、故人が二世帯住宅で暮らしていた場合でも活用できます。二世帯住宅には、2つの世帯が内部で行き来できるタイプと外に出ないと行き来できないタイプがあります。従来は、このうち後者のタイプは区分所有されていたと考え、故人が暮らしていなかった部分（子世帯などの住居部分）については、小規模宅地等の特例の適用範囲外となっていました。そのため、相続の開始の前に、内部で行き来できるようなリフォームを行う生前対策もありました。

この二世帯住宅の要件も緩和され、いずれの二世帯住宅でも敷地のすべてが適用の対象となっています。内部で行き来できない家も区分所有とは見なさないこととなっています。

このように改正の方向性としては、駆け込みの相続税対策を排除しながら、高齢者が税負担にいたずらに憂慮することがないように、あわせて昨今の住宅事情、家族関係の変化などに対応し、より利用しやすいような制度の拡充が図られています。

二世帯住宅と小規模宅地等の特例

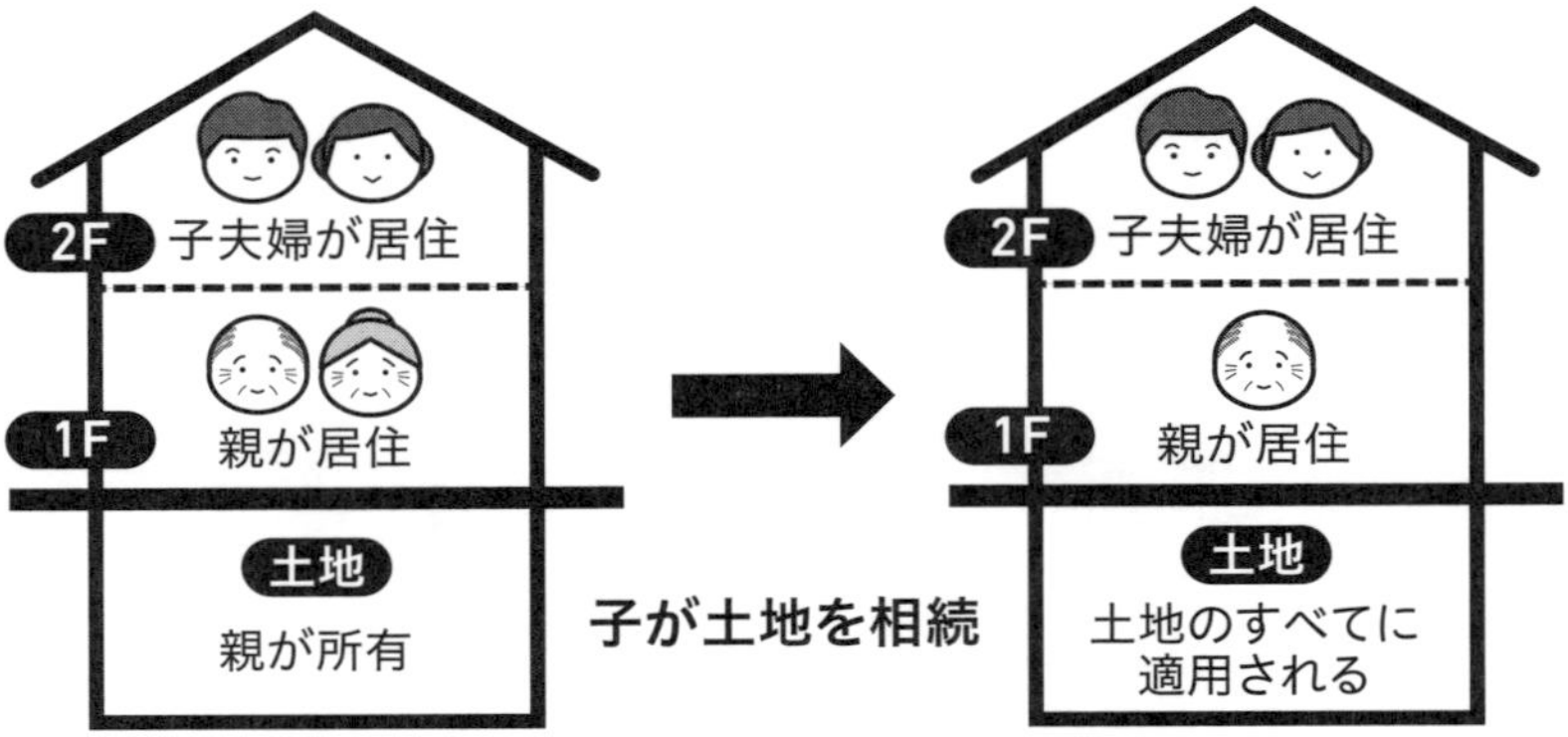

5-04

生命保険を活用し納税資金を確保する

相続対策としての生命保険の活用は、主に次の3つの目的に大別できます。

①相続税が発生したときの納税資金とする

②代償分割を行う際の資金とする

③相続人の生活資金とする

いずれの場合も、相続時にはまとまった大きな額が入るので、相続における資金確保策として有効です。

生命保険に関しては、保険金の受取人が指定されているため、遺産分割協議においても対象外とされています。そのため、遺産分割協議の進行にかかわらず、受取人の請求にもとづいて現金を受け取ることができます。

生命保険の費用対効果の大きさを活かす

生命保険には、少ない保険料の負担で大きな額の保険金を受け取ることができる効果があります。たとえば、毎月3000円の掛け捨ての生命保険に故人が入っていたとすると、年間の生命保険のコストは3万6000円、10年だと36万円です。もし、その10年後に亡くなれば、受取り保険金が500万円の場合、約14倍の効果があるということになります。

生命保険に関しては、生命保険各社がさまざまな商品を開発していますが、この効果が発揮される生命保険商品を選ぶことで、納税資金の負担が少しでも解消されます。

相続が発生したときは、相続税がかかるかどうかにかかわらず、何かと入り用なものです。それだけに保険金という現金はありがたい存在です。相続人に納税できるだけの現預金があれば、受け取った保険金を相続人自身の保険の見直しに活用するのもよいでしょう。

なお、生命保険に関しては、保険料を誰が負担するか、受取人が誰かなど契約内容によって次ページ図のように関係する税目が相続税、贈与税、所得税と異なります。そこで、どんな保険商品をどのように活用すればトクなのか、専門家に相談してみることも大切です。

生命保険と税金(目)の関係

	契約者	保険料の負担者	受取人
相続税	本人(故人)	本人(故人)	配偶者・相続人
贈与税	本人(故人)	配偶者	配偶者を除く相続人
所得税	本人(故人)	配偶者	配偶者
		相続人	相続人

5-05

生命保険の非課税枠についての留意点

生命保険契約によって相続人に対して支払われる死亡保険は、残された家族が生活していく資金なので、税金の優遇措置がとられています。「500万円×法定相続人の数」の保険金額が「相続税のかからない財産」として扱われます。

したがって、死亡保険は相続財産を計算する際に、この金額を控除してから他の財産を加算して財産の総額が算出されます。

たとえば、3人の法定相続人がいる場合、1500万円の死亡保険金のある生命保険に入っていて相続を迎えると、その1500万円の全額が、相続税がかからない財産として相続できます。それを相続人の生活資金とするか、分割するか、一人の相続人が取得し、他の相続人への代償分割の原資とするなどの使い道を考えるわけです。

この1500万円を故人が現金で残していた場合、そのまま全額が相続財産に加算されます。そのことにより相続税が発生する財産額になるケースもあるでしょう。その点から見れば、生命保険の非課税枠の利用は相続財産の圧縮効果があるといえます。

保険の契約者・被保険者、保険料の負担者が故人である場合に活用できる

生命保険の非課税枠にはいくつか留意点があります。まず、受取り保険金が控除額を超えてしまうと、超えた分に関しては相続財産に加えます。現金と同じ扱いになるのです。

一般に生命保険は、契約者は故人であったとしても、その保険金の受取人は配偶者を指定しているケースが多いはずです。

その場合の保険金は配偶者に支払われますが、保険料は故人が保険会社に支払っていますから、故人の相続財産となり、その相続財産の計算の際に、「500万円×法定相続人の数」の非課税枠を活用することができることになるのです。

5-06

会社勤めの人が亡くなった際の死亡退職金の非課税枠とは？

会社勤めをしていた人が亡くなるケースでは、その相続人に死亡退職金、弔慰金、香典などが支払われるケースがあります。

このうち、死亡退職金には生命保険と同様の非課税枠があり、「500万円×法定相続人の数」によって算出された額が非課税となります。

通常、退職金は退職した人に支払われますから、その人が退職後に亡くなった場合は、その故人の相続財産となります。

ところが、死亡退職金は退職金を支払う相手は故人ではなく、その相続人です。そのため、死亡退職金は「みなし相続財産」という位置づけになり、一定の額を非課税としているのです。

弔慰金は一定の非課税枠があり、香典は非課税

会社勤めをしていた人が在職中に亡くなる場合、弔慰金が支払われるケースもあります。この弔慰金に関しても次のような非課税枠があります。

・**業務上の死亡の場合は「通常の月額報酬の3年分」**
・**業務外の死亡の場合は「通常の月額報酬の半年分」**

この金額を超えた部分の額については故人の相続財産に加え、相続税の課税対象となります。

また、社交上必要な程度の香典はどのようなケースにおいても課税されない財産なので、非課税枠は関係ありません。香典と弔慰金は支払う側にとっても受け取る側にとっても趣旨は似ていますが、このように相続税の課税関係は異なります。

5-07

法人版と個人版の事業承継税制のポイント

２０１８年度と２０１９年度の相続税・贈与税関係の税制改正の大きな柱は、同族会社のオーナーが保有する自社株や個人事業者が保有する事業用資産を対象に、相続税・贈与税の納税猶予の特例が創設されたことでしょう。

かねてより、非上場株式を対象とした事業承継税制が恒久的に設けられていましたが、将来にわたって従業員の雇用の維持を約束しなければならないことの不透明さや手続きが煩雑であったことなどにより制度の活用が進まず、中小企業の事業承継が円滑に進まないなか、経営者の年齢分布のピークが60歳代後半を迎え、もはや事業承継は待ったなしの政策課題となりました。

このような背景を踏まえ、２０１８年度においては、非上場株式を対象として従来の制度を大幅に緩和した法人版の事業承継税制が、２０１９年度においては、個人の事業用資産を対象とした個人版の事業承継税制が、それぞれ10年間の期間限定で設けられました。

両者に共通する留意点

事業承継税制には、さまざまな「入口要件（適用可能となるための要件）」・「出口要件（最終的に猶予された税額が免除になるための要件）」があるほか、「継続要件」を満たし続けること（「打切り事由」に該当しないこと）がもっとも重要です。まず、「入口要件」としては、都道府県知事に対して「特例承継計画」を提出して都道府県の確認を受けることから始まりますが、事業承継税制の対象期間が10年間であるのに対し、特例承継計画の提出は前半の5年間に限られますので、早めに事業承継計画を策定することをおすすめします。

法人版と個人版の事業承継税制の比較

	法人版の事業承継税制	個人版の事業承継税制
適用対象期間	2018年1月1日から10年間	2019年1月1日から10年間
承継計画の提出	2018年4月1日から5年間	2019年4月1日から5年間
対象資産	非上場株式	400㎡までの土地・床面積800㎡までの建物・一定の減価償却資産
納税猶予割合	100%（改正前は53.3%）	100%

また、事業承継税制の特徴として、「打切り事由」に該当すると、原則として、納税猶予となっていた本税に加え、猶予開始時期に遡った利子税の納付が求められます。

この「打切り事由」には、各種手続き（たとえば「継続届出書」の提出など）を怠った場合はもちろん、「資産管理会社」という賃貸不動産・現金預金・有価証券の保有割合が高い会社で従業員数が一定数を下回った場合、一定の組織再編があった場合、代表権や議決権構成に大幅な変動が生じた場合などのさまざまな事由が該当します。

個人版の事業承継税制の留意点

事業承継税制を適用するためには、国に担保を提供する必要があります。法人版の事業承継税制は、非上場株式が猶予の対象であり、国に提供する担保はその非上場株式となりますが、個人版の事業承継税制は対象が個別具体的な事業用資産であるだけに、不動産や減価償却資産そのものを担保提供する必要があり、「すでに納税猶予の担保に供された土地を担保として、金融機関が新たな融資に応じてくれるか」といった個人版の事業承継税制ならではの論点が生じることになります。

また、個人版の事業承継税制を適用すると、小規模宅地等の特例のうちの「特定事業用宅地の特例」の適用ができなくなりますので、いずれが有利であるかのシミュレーションが必要です。とくに、小規模宅地等の特例は一定の面積について80％（50％）の評価減が可能であり債務を考慮する必要はありませんでしたが、個人版の事業承継税制は、事業のための債務がある場合には財産から差し引く必要があり、債務があるとその分だけ効果が減殺されてしまいます。

相続・事業承継対策に詳しい専門家への依頼が必須！

事業承継税制の対応では、個々の中小企業ごとに資本政策を含むオリジナルの制度設計が必要となります。また、都道府県・税務署に対する照会や報告書の提出、「打切り事由」に該当しないための継続的なアドバイスが可能な専門家の存在が不可欠な税制であり、同族会社・個人事業主といった当事者のみで「出口要件」まで乗り切るのは至難の業といえます。

事業承継税制を選択するにあたっては、制度に精通した専門家に長期的に依頼することを見据える必要があるでしょう。

5-08

納税猶予が受けられる農家の相続

農業を営んでいる人の相続が発生したとき、その農家は納税猶予が適用されます。相続人が農業を継続する場合、農地にかかる相続税の支払いが猶予され、農業を継いだ相続人が亡くなったときに、納税の猶予ではなく免除となります。

専業農家の人たちは、ほとんど皆、この特例が適用されることを前提に農業を続けているといってよいでしょう。それほど、農家の人にとっては非常に大切な特例なのです。この特例がなければ、農業で使用している広大な土地を相続する際に相続税がかかり、その負担が大きすぎて農業を続けることができなくなってしまうこともあるでしょう。

なお、相続時精算課税制度を利用して、故人が生前に農地を贈与していた場合、その土地についてはこの特例を適用することはできません。

将来展望を踏まえて、猶予の適用を検討する

農家の納税猶予の特例を受けるための手続きは、相続税の申告時期までに遺産分割協議を終え、相続人の誰が農業を継ぐのかを決めておく必要があります。そして、各市町村に置かれている農業委員会の証明を受け、相続税の申告時にその証明書を添付します。

納税が猶予される額については、農地の実際の評価にもとづいた相続税額と、農業投資価格による相続税額の差額によって決まります。農業投資価格とはその土地を農業に限定して使用すると想定したときの価格で、都道府県ごとの金額が国税庁のホームページで確認できます。一般的に、農業投資価格での評価額は通常の評価額より格段に低く、そのため、相続税額も大幅に軽減されることになります。

ただし、前述のように、農業を継いでも途中で辞めてしまったり、一定規模以上の農地を売却したりした場合は、納税の猶予が打ち切られてしまいます。ですから、「本当に農業を継ぐことができるのか」といった点は慎重に検討する必要があります。納税の猶予が打ち切られてしまうと、本来の相続税額の納付のほか、猶予されていた期間の利子税もあわせて納

めなければなりません。

とくに、都市近郊で小規模の農業を営んでいて、将来的に農業を続けていくかわからない場合は、この特例を適用するかどうか将来を見据えてよく考えてみることをおすすめします。

なお、基本的に東京・名古屋・大阪の3大都市圏の市街化区域は、納税猶予の対象外です。国としては、農地として活かすより宅地として活かしたいという意向もあるのでしょう。特定の生産緑地以外は納税猶予が認められていないのが現状なのです。

将来の農業の継続に不安がある場合、承継する農地が生産緑地であれば、その解除を考えてみることもあり得ます。生産緑地

農家の相続での納税猶予

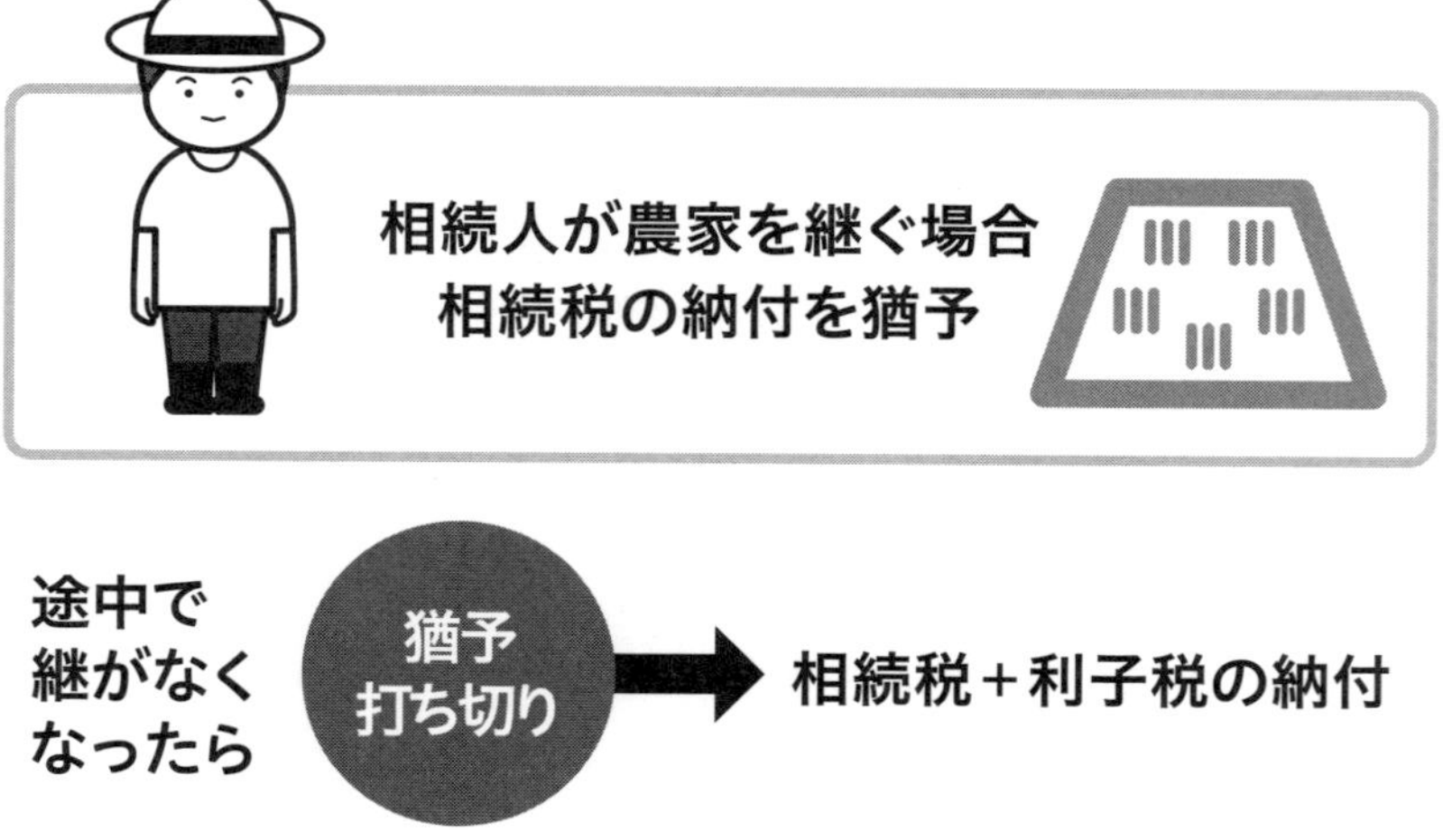

の解除をすることによって、農地を宅地扱いにすることができます。宅地扱いにすることができれば、前述したさまざまな節税のテクニックの対象になってきます。ですから、場合によっては宅地扱いも選択肢の1つに加えてみるのもよいでしょう。

「都市部の農家で相続が発生したらマンションが建つ！」ともいわれています。それは「農地の納税猶予の特例を適用しない」という選択肢をとり、そのうえで農地の一部を売却して納税に回し、そのあとに投資用物件を建てるという手続きをとっているからです。それが最善の策とは一概にはいえませんが、将来的にはよい結果になることもあり得ます。

5-09

相続後の不動産売却と取得費加算の特例

相続対策として相続財産を活かして不動産を取得し、評価減を活用し、その後、その不動産を売却する方法がよく行われていました。ところが、この点についても節税効果とリスクを秤にかける場面も出ています。

基本的に、不動産を活用した相続税の節税は、相続時には一時的に評価額を引き下げて、相続後にはもともとの価値で財産を取り戻すことによって成立します。すなわち、

①相続時には一時的に評価額を引き下げる対策
②相続後にはもともとの価値で財産を取り戻す対策

この2つが両立しなくては意味がありません。

相続直後の売却は避けたほうがよい

相続を見越して相続財産を活用して不動産の賃貸経営を始めたとします。ところが入居者が埋まらないなどによって赤字経営が続けば、相続財産からの持ち出しも増えます。その結果、相続税負担は減少することになっても、相続後の不動産経営は成り立たず、相続後の手取りが少なくなってしまうことがあるのです。

その結果、売却すると、大きな損を被ることにもなりかねません。こうした点を踏まえると、安易に賃貸経営を始めたり売却を考えたりするより、むしろ数年は所有し続けていったり、もしくは賃貸経営より居住することを考えたりしたほうがよいケースがあるのです。

たとえば、タワーマンションの高層階を購入すれば、購入価格と相続税評価額の差が大きく、一定の人気があるため市場価格もそれほど下がらず、相続税の節税になるうえ売却しても高値で売れるメリットがあります。ところが、相続の直後に売却すると、その売却額が評価額であると税務署に指摘されるケースがあります。すると、実際に高値で売れても相続税の節税効果の面で否認され、十分な節税効果が得られないことになってしまいます。

取得費加算の特例を有効に使う

相続した不動産を相続税の申告期限から3年経過するまでに売却する場合、一定金額を売却資産の取得費に加算できる「取得費加算」の特例を検討するのもおすすめです。不動産を売却したときの譲渡所得は、

・譲渡収入－（取得費＋売却費用）

で計算でき、この計算式の取得費に、相続税額のうち一定の金額を加算できます。一定の金額とは、支払った相続税のうち譲渡財産に対応する分です。なお、取得費加算が認められる要件は、下図の①～③すべての要件を満たした場合です。

取得費加算が認められる条件

① 相続または遺贈によって財産を取得したこと

② 相続税が課税されていること

③ 相続開始日の翌日から、相続税の申告期限以後3年を経過する日までに譲渡したこと

譲渡収入－（取得費＋売却費用）

一定の金額を加算

巻末付録(1)　相続税額の早見表

（万円）　（万円）

課税価格（基礎控除前の金額）	配偶者なし			配偶者あり		
	子1人	子2人	子3人	子1人	子2人	子3人
5,000	160	80	20	40	10	0
7,000	480	320	220	160	113	80
10,000	1,220	770	630	385	315	263
15,000	2,860	1,840	1,440	920	748	665
20,000	4,860	3,340	2,460	1,670	1,350	1,218
25,000	6,930	4,920	3,960	2,460	1,985	1,800
30,000	9,180	6,920	5,460	3,460	2,860	2,540
35,000	11,500	8,920	6,980	4,460	3,735	3,290
40,000	14,000	10,920	8,980	5,460	4,610	4,155
45,000	16,500	12,960	10,980	6,480	5,493	5,030
50,000	19,000	15,210	12,980	7,605	6,555	5,963
55,000	21,500	17,460	14,980	8,730	7,618	6,900
60,000	24,000	19,710	16,980	9,855	8,680	7,838
65,000	26,570	22,000	18,990	11,000	9,745	8,775
70,000	29,320	24,500	21,240	12,250	10,870	9,885
80,000	34,820	29,500	25,740	14,750	13,120	12,135
90,000	40,320	34,500	30,240	17,250	15,435	14,385
100,000	45,820	39,500	35,000	19,750	17,810	16,635

「配偶者あり」の税額控除等は配偶者の税額軽減のみ適用して計算
相続税額は万円未満を四捨五入

巻末付録(2)　贈与税の速算表

下記以外の通常の場合（一般贈与）

基礎控除後の課税価格	税率	控除額
200万円以下	10%	—
200万円超300万円以下	15%	10万円
300万円超400万円以下	20%	25万円
400万円超600万円以下	30%	65万円
600万円超1,000万円以下	40%	125万円
1,000万円超1,500万円以下	45%	175万円
1,500万円超3,000万円以下	50%	250万円
3,000万円超	55%	400万円

直系尊属→成人年齢以上の者の場合（特例贈与）

基礎控除後の課税価格	税率	控除額
200万円以下	10%	—
200万円超400万円以下	15%	10万円
400万円超600万円以下	20%	30万円
600万円超1,000万円以下	30%	90万円
1,000万円超1,500万円以下	40%	190万円
1,500万円超3,000万円以下	45%	265万円
3,000万円超4,500万円以下	50%	415万円
4,500万円超	55%	640万円

【共同監修者紹介】

円満相続を応援する税理士の会

蛸島《たこじま》　一伸《かずのぶ》

税理士・行政書士

昭和59年札幌国税局採用（元資産税担当国税調査官）。

平成23年税理士登録後、平成29年蛸島一伸税理士・行政書士事務所を開業。

当事務所は代表の実務経験を生かし、相続業務を専門に行っております。司法書士等の各士業とも連携しておりますのでワンストップで相続業務全般をサポートしております。まずはお気軽にご相談ください。

【蛸島一伸税理士・行政書士事務所】
〒042-0952　北海道函館市高松町186番地31
TEL：0138-84-8550　FAX：0138-85-8727
E-mail：takojimajimusyo@df7.so-net.ne.jp　URL：http://www.takojima-jimusyo.jp/

伊藤《いとう》　惠悦《けいえつ》

税理士・AFP

半世紀以上の実績と信頼を礎に、現代の税理士に要求される様々なサービスを法人・個人問わず提供。顧客のニーズを聞きとり、先を見据えた対策を提案。各分野の専門家と提携し総合的なサポートを展開。皆様に安心を提供することを目指します。

初回相談は無料。お気軽にご連絡ください。

【伊藤輝代税理士事務所】
〒020-0866　岩手県盛岡市本宮二丁目4番24号
TEL：019-635-0563　FAX：019-635-3584
E-mail：ito-kaikei@song.ocn.ne.jp　URL：https://www.kaikei-home.com/tax110/

高野《たかの》　好史《よしふみ》

税理士

2009年税理士登録後、税理士高野好史事務所を開業。

当事務所は相続に強い税理士として、常時相続案件に携わっています。

また、弁護士・司法書士等の士業とも連携しておりますのでワンストップで相続業務をサポートしております。まずは、無料相談にお越しください。

【税理士 高野好史事務所】
〒321-0945　栃木県宇都宮市宿郷2-6-5　パークヒルズ宿郷602号
TEL：028-666-5539　FAX：028-682-3755
E-mail：y-takano@kigyou-support.net　URL：https://www.souzoku-utsunomiya.com

---

田中《たなか》　久夫《ひさお》

税理士・高崎経済大学大学院教授・経営学博士

経営全般のワンストップ・サービスを目指して複数の税理士が結集。特に不動産に係る税務処理実績には定評があり、不動産活用の事業展開・事業承継・相続事案を解決してきました。相続事案にも多数の実績がありますので、相続関連問題・事業承継事項等に不安をお持ちの方はお問い合わせください。

【さくらジャパン税理士法人】
〒370-0073　群馬県高崎市緑町1-11-7
TEL：027-364-3500　FAX：027-364-3501
E-mail：top@sakura-japan.or.jp　URL：https://sakura-jpn.jp/

加藤《かとう》　元弘《もとひろ》

税理士

平成４年に加藤元弘税理士事務所を開業。
相続について長年研鑽をし、相続税について適正なアドバイスをし、相続税はもちろん生前贈与、第二次相続を含む幅広いアドバイスをします。

【加藤元弘税理士事務所】
〒368-0072　埼玉県秩父郡横瀬町大字横瀬 5087 番地 1
TEL：0494-22-7808　FAX：0494-25-4578
E-mail：qqw82ug9@ceres.ocn.ne.jp

鈴木《すずき》　秀雄《ひでお》

税理士・CFP

これから先の人生において、誰もが相続という事案を考える時期が訪れます。故人の遺志を尊重し、ご遺族のご要望を取り入れ、円満な相続を心掛けております。
「生前対策」・「相続後の将来」豊富な経験と知識からサポート致します。
行動することが大切です。お気軽にご相談下さい。

【鈴木秀雄税理士事務所】
〒340-0036　埼玉県草加市苗塚町 238 番地 10
TEL：048-959-9757　FAX：048-959-9758
E-mail：hide-tax@tkcnf.or.jp　URL：http://hide-tax.tkcnf.com/

佐藤《さとう》　純一《じゅんいち》

税理士

フロイデは地域に密着した相続総合病院型の税理士法人です。相続トラブルを未然に防ぐためには予防対策が必須です。事前に準備することでリスクを大幅に軽減出来ますので、当法人の「相続健康診断」を受診することをお勧め致します。毎月第２土曜日は無料相談を実施していますので、お気軽にご相談ください。

【税理士法人フロイデ】
〒275-0028　千葉県習志野市奏の杜 1-3-11
TEL：047-407-4030
URL：http://www.freuden.or.jp/

岡田《おかだ》　誠彦《まさひこ》

税理士・中小企業診断士

相続は誰にでも必ずやってきます。当事務所は、あなたの身近な専門家として様々な不安を解消します。最新の知識、見やすい資料、分かりやすい説明、を用いることで、それぞれの方にとって適切な生前対策や信頼度の高い相続税申告作業を行います。まずはお気軽にご相談ください(この本に基づくセミナーも随時開催予定です)。

【岡田誠彦税理士事務所】
〒160-0022　東京都新宿区新宿 1-24-7　ルネ御苑プラザ 1210
TEL：03-6273-1395　FAX：03-6273-1396
E-mail：okada@okadatax.jp　URL：https://sodan-souzoku.jp

池田《いけだ》　俊幸《としゆき》

税理士・ファイナンシャルプランナー

「相続の問題」は、一握りのお金持ちの人だけの問題で、自分の家族に限っては・・・というのが、ほとんどの人の一般的な感覚だと思います。ところが実際は、税制の改正や個人の権利意識の変化等から、どの家族にも起こり得る身近な問題になってきています。「何を残すか」、「何を引き継いでいくのか」、お客様の「相続」を私たちは一緒に考え、取り組んでいきます。初回相談は無料です。

【池田俊幸税理士事務所】

〒135-0046　東京都江東区牡丹 2-9-16-115　門前仲町東豊エステート
TEL：03-5620-8420　FAX：03-5620-8421
E-mail：ikeda-toshiyuki@tkcnf.or.jp

児玉《こだま》　洋貴《ひろき》

公認会計士・税理士

一橋大学、あずさ監査法人、アビームコンサルティングを経て、2015年児玉公認会計士事務所設立。"中小企業の真のパートナー"をモットーに、創業時の融資獲得から引退時の事業承継・相続までサポートしております。後世へ安心して財産を残せるよう、他士業とのワンストップでサポートいたします。

【児玉公認会計士事務所】

〒150-0012　東京都渋谷区広尾 1-3-18　広尾オフィスビル 11 階
TEL：03-6403-4997　FAX：03-6869-1348
E-mail：info@msc-jicpa.com　URL：http://kodama-accounting.com/

加藤《かとう》　眞司《しんじ》

税理士・行政書士

昭和 62 年税理士登録。
相続は、分割し、評価し、納税してやっと完結です。各家と相続人の皆様の将来を見据え、ともに考え、お手伝いしております。また各士業とも連携しておりますのでワンストップで相続業務をサポートしております。生前対策もご提案できますので、まずは相談におこしください。

【税理士法人　あすなろ】

〒197-0011　東京都福生市福生 654-6
TEL：042-530-8355　FAX：042-530-6558
E-mail：info-fussa@zei-asunaro.or.jp　URL：http://zei-asunaro.or.jp/

髙橋《たかはし》　光彦《みつひこ》

税理士

弊所は、司法書士・不動産鑑定士・弁護士等の相続のスペシャリストでチームを組み、ワンストップで年に 100 件を超える相続問題の解決に取り組んでいます。
お客様にとって難解な相続税の申告や相続手続きについて、専門用語を多用しない分かりやすい説明を心掛けています。

【髙橋光彦税理士事務所】

〒170-0013　東京都豊島区南池袋 3-13-9　ビスハイム池袋 1203 号
TEL：03-5944-9613　FAX：03-5944-9614
E-mail：takahashi@3-flower.com　URL：http://www.takahashi3215.jp/

田村《たむら》　智宏《ともひろ》

公認会計士・税理士

当法人は、弁護士、公認会計士、司法書士、行政書士、社会保険労務士等と提携し、相続税を40年以上対応しているベテラン税理士も在籍。様々な相談にワンストップでスムーズに対応が可能ですので、お気軽にお問合せください。
（現在、税理士３名を含む８名、中小企業庁認定経営革新等支援機関）

【つばさ会計税理士法人】
〒940-0845　新潟県長岡市花園 1-9-19
TEL：0258-33-5141　FAX：0258-33-5019
E-mail：t.tamura@tsubasa-tax.com

永野《ながの》　淳也《じゅんや》

税理士・行政書士

ぎふ遺言・相続支援センターを運営。
相続発生後の相続税申告、相続手続、遺産整理はもちろん、生前の相続税対策、争族対策、遺言作成など、相続に関することをワンストップでサポートしています。人生で何度もない相続で不安なお客様に寄り添い、お悩みごと、心配ごとを親身になって解決いたします。

【ぎふ遺言・相続支援センター】
〒500-8441　岐阜県岐阜市城東通 2-48-3
TEL：058-260-5550　FAX：058-277-0201
E-mail：info@nagano-office.jp　URL：https://souzoku-taisaku.net/

平井《ひらい》　寛子《ひろこ》

税理士

静岡県中部を中心に開業から４５年の実績を持つ税理士事務所です。お客様から「ありがとう」と言われることをしよう、という経営理念のもと、親身にご相談にお応えします。
相続に漠然とした不安をお持ちの方は、ぜひ経験豊富な税理士にご相談ください。

【田中徳治税理士事務所】
〒421-0206　静岡県焼津市上新田 27-3
TEL：054-622-6836　FAX：054-622-5807
E-mail：kabu-tac@yr.tnc.ne.jp　URL：http://www.tac-tanaka.com/

伊藤《いとう》　由一《ゆういち》

税理士・社会保険労務士・行政書士

『専門家のアドバイスを受けておけばよかった』と、多くの方が口にされます。生前贈与や相続には、聞きなれない言葉や手続きがたくさんあります。弊社は、相続専門チームを設け、『任せてよかった』と多くの方からご安心の声をいただいております。

【F＆Mパートナーズ税理士法人　名古屋事務所】
〒468-0015　愛知県名古屋市天白区原 1 丁目 1212 番地
TEL：052-800-1011　FAX：052-800-1022
E-mail：info@fmpn.or.jp　URL：http://fmpn.or.jp

吉田《よしだ》　勤《つとむ》

税理士・行政書士　所長・代表理事

名古屋大学卒業。1990年税理士試験合格。
大手税理士法人の代表として資産税・組織再編コンサル業務を主宰した後、任期満了により2017年12月末に退任し、吉田勤事務所を開業しました。新たに相続問題の解決には専門家集団による遺言書の作成支援が重要と遺言普及協会を設立しサポートにあたっています。経験の豊富さと幅広いネットワークが強みです。

【税理士・行政書士吉田勤事務所／一般社団法人遺言普及協会】
〒460-0008　愛知県名古屋市中区栄一丁目22番16号　ミナミ栄ビル4F
TEL：052-253-6466　FAX：052-253-6996
E-mail：ty-ngodo@outlook.jp　URL：http://nagoya-godoh.uh-oh.jp/

末吉《すえよし》　英明《ひであき》

代表社員

信託銀行との提携による遺産整理業務支援、地方銀行、信用金庫との提携による相談業務支援、年間200回以上の銀行主催による講演を行うなど銀行系税理士の本格派として多くの金融機関から支持されています。京都四条烏丸、阪急梅田、東京品川に拠点を配置し、機動的にお客様の問題解決に努めています。

【末吉税理士法人】　URL：http://www.sueyoshi.or.jp
〈梅田〉大阪駅前第2ビル10階　〈東大阪〉東大阪市役所西隣 クリエイション・コア北館308号
【末吉FP支援法人】
〈京都〉四条室町 オフィスワン四条烏丸9階　〈東京〉品川駅高輪口さくら坂 ジョイシティ品川10階
〈阪急梅田〉阪急グランドビル23階

内芝《うちしば》　公輔《こうすけ》

代表　税理士・公認会計士

「遺産」は、故人様からの「次の世代のために」という遺志だと考えています。だからこそ過度な相続税がかからないよう次の世代に送り届けたい、という気持ちで日々業務に取り組んでいます。相続税に少しでも不安をお持ちの方は、初回相談無料ですのでお気軽にお問い合わせください。

【やまと総合会計事務所】
〒636-0002　奈良県北葛城郡王寺町王寺2丁目7-6　シンコービル4階
TEL：0745-43-5733
E-mail：info@uc-kaikei.com　URL：https://www.uc-kaikei.com/

光廣《みつひろ》　昌史《まさふみ》

税理士・代表取締役

代表を含む5名の税理士、総勢30名のスタッフが所属。
60年近くに渡り広島の法人と個人を支援している。
豊富なノウハウをもつ相続専門チームが多角的に軽減対策の提案を行うほか、相続手続き支援も行っている。円満な相続を実現する方法を学べるセミナーを開催するなど啓発活動にも力を注いでいる。

【光廣税務会計事務所／株式会社オフィスミツヒロ】
〒730-0801　広島県広島市中区寺町5番20号
TEL：082-294-5000　FAX：082-294-5007
E-mail：info@office-m.co.jp　URL：http://www.@office-m.co.jp

辻本《つじもと》　聡《さとし》

税理士・ファイナンシャルプランナー

当事務所は、お客様の希望（未来）を現実化するお手伝いを行っております。具体的には、【事業計画】・【事業承継計画】・【相続資産承継計画】を作成して、現状の視える化からお客様が希望の実現に向かうお手伝いをしております。

【辻本聡税理士事務所】
〒 810-0001　福岡県福岡市中央区天神 1-2-4　農業共済ビル 4 階
TEL：092-406-8077　FAX：092-406-8079
E-mail：info.tsujimoto@snow.ocn.ne.jp　URL：http://tax-tsujimoto.com/

小屋敷《こやしき》　順子《じゅんこ》

税理士・相続士

父の代から数えて昨年で 50 周年を迎えました。大切な財産をより良い形で次世代に繋ぐことが私の使命だと考えています。特に土地の評価に関しては地域で№ 1 と自負しています！できれば、お正月にでも親御様の方から子ども達に相続財産についてお話をしてください。それが、一番争いを避ける道だと思います。親としての最後の責任を果たしましょう‼

【小屋敷順子税理士事務所】
〒 862-0924　熊本県熊本市中央区帯山 5 丁目 21-1
TEL：096-383-4646　FAX：096-383-1904
E-mail：s.sakuma0428@gmail.com　URL：http://www.souzoku-kumamoto.jp/

坂元《さかもと》　隆一郎《りゅういちろう》

公認会計士・税理士

十分な相続、相続税対策をしていなかったがために親族間の争いになることや会社の業績が悪化してしまうケース等が存在します。
円滑な事業承継や相続には事前の準備が重要です。いざという時に困らないためにも、いまから計画的に取り組みましょう。社長と会社の未来創りを全力で応援します。

【坂元公認会計士・税理士事務所】
〒 886-0004　宮崎県小林市細野 474-1
TEL：0984-22-3394　FAX：0984-23-7213
E-mail：sakamotokaikei@gmail.com　URL：http://www.sakamotokaikei.jp

●さくいん

北海道
蛸島一伸税理士・行政書士事務所　蛸島　一伸 ……… 232

岩手県
伊藤輝代税理士事務所　伊藤　惠悦 ……… 232

栃木県
税理士 高野好史事務所　高野　好史 ……… 232

群馬県
さくらジャパン税理士法人　田中　久夫 ……… 232

埼玉県
加藤元弘税理士事務所　加藤　元弘 ……… 233
鈴木秀雄税理士事務所　鈴木　秀雄 ……… 233

千葉県
税理士法人フロイデ　佐藤　純一 ……… 233

東京都
岡田誠彦税理士事務所　岡田　誠彦 ……… 233
池田俊幸税理士事務所　池田　俊幸 ……… 234
児玉公認会計士事務所　児玉　洋貴 ……… 234
税理士法人　あすなろ　加藤　眞司 ……… 234
髙橋光彦税理士事務所　髙橋　光彦 ……… 234

新潟県
つばさ会計税理士法人　田村　智宏 ……… 235

岐阜県
ぎふ遺言・相続支援センター　永野　淳也 ……… 235

静岡県
田中徳治税理士事務所　平井　寛子 ……… 235

愛知県
Ｆ＆Ｍパートナーズ税理士法人　名古屋事務所　伊藤　由一 ……… 235
税理士･行政書士吉田勤事務所／一般社団法人遺言普及協会　吉田　勤 ……… 236

大阪府　京都府
末吉税理士法人　末吉FP支援法人　末吉　英明 ……… 236

奈良県
やまと総合会計事務所　内芝　公輔 ……… 236

広島県
光廣税務会計事務所／株式会社オフィスミツヒロ　光廣　昌史 ……… 236

福岡県
辻本聡税理士事務所　辻本　聡 ……… 237

熊本県
小屋敷順子税理士事務所　小屋敷　順子 ……… 237

宮崎県
坂元公認会計士・税理士事務所　坂元　隆一郎 ……… 237

【監修者】
税理士法人チェスター
相続税を専門に取り扱う税理士事務所。年間1,000件（累計4,000件以上）を超える相続税申告実績は税理士業界でもトップクラスを誇り、中小企業オーナー、医師、地主、会社役員、資産家の顧客層を中心に、低価格で質の高い相続税申告サービスやオーダーメイドの生前対策提案、事業承継コンサルティング等を行っている。各種メディアやマスコミから取材実績多数有り。

司法書士法人チェスター
相続手続きを専門に取り扱う司法書士法人。相続登記（不動産の名義変更）、口座解約をはじめ、家庭裁判所の各種手続き（検認申立、相続放棄など）のサポートも行っている。また、遺言執行報酬を算定する際に不動産の価格を除外する画期的な料金体系を採用し、地主やマンションオーナーの立場に立ったやさしい料金でサービスを提供している。

CST 法律事務所
相続問題を中心的に取り扱う法律事務所。遺産分割協議・調停や遺留分減殺請求、使い込み返還請求のほか、事業承継（親族内承継・M&A）の法的支援や株主権確認請求などファミリービジネス特有の法律問題を中心に業務を行っている。その他、不動産法務、事業再生・倒産、スポーツ・エンタテインメント法務等の取り扱い多数。

【共同監修者】
円満相続を応援する税理士の会
遺産相続は、場合によっては親族間での遺産争いになることがあり、「争続（争族）」などと揶揄されることがあるほどトラブルの生じやすい問題でもあります。そのような問題をはじめ、いろいろな悩み事の解決を総合的に行っている会計事務所です。遺言や贈与はもちろんのこと、円満な相続を行っていただくためのお手伝いをします。

【著者】
株式会社エッサム
昭和38年（1963年）の創業以来、一貫して会計事務所及び企業の合理化の手段を提供する事業展開を続けております。社是である「信 頼」を目に見える形の商品・サービスにし、お客様の業務向上に役立てていただくことで、社会の繁栄に貢献します。

構成：菱田編集企画事務所
本文ＤＴＰ：イノウエプラス

ゼロからわかる相続《そうぞく》と税金《ぜいきん》対策《たいさく》入門《にゅうもん》　〈検印省略〉

2019年 3 月 28 日　第 1 刷発行

監 修 者——税理士法人チェスター、司法書士法人チェスター、CST法律事務所
共同監修者——円満相続を応援する税理士の会
著　　者——株式会社エッサム
発 行 者——佐藤和夫

発行所——株式会社あさ出版
〒171-0022 東京都豊島区南池袋 2-9-9 第一池袋ホワイトビル 6F
電　話　03 (3983) 3225 (販売)
　　　　03 (3983) 3227 (編集)
F A X　03 (3983) 3226
U R L　http://www.asa21.com/
E-mail　info@asa21.com
振　替　00160-1-720619
印刷・製本　三松堂(株)
乱丁本・落丁本はお取替え致します。

facebook　http://www.facebook.com/asapublishing
twitter　http://twitter.com/asapublishing

©ESSAM CO., LTD. 2019 Printed in Japan
ISBN978-4-86667-114-7 C2034